中国古代家风

王 俊 编著

中国商业出版社

图书在版编目（CIP）数据

中国古代家风/王俊编著. -- 北京：中国商业出版社，2017.7
　ISBN 978-7-5044-9892-2

　Ⅰ.①中… Ⅱ.①王… Ⅲ.①家庭道德-中国-古代 Ⅳ.① B823.1

中国版本图书馆 CIP 数据核字 (2017) 第 127354 号

责任编辑：常　松

中国商业出版社出版发行
010-63180647　www.c-cbook.com
（100053 北京广安门内报国寺 1 号）
新华书店经销
三河市同力彩印有限公司
＊
710×1000 毫米　16 开　15 印张　200 千字
2017 年 9 月第 1 版　2017 年 9 月第 1 次印刷
定价：45.00 元
＊　＊　＊
（如有印装质量问题可更换）

《中国传统民俗文化》编委

主　编　　傅璇琮　著名学者，原国务院古籍整理出版规划小组秘书长，清华大学古典文献研究中心主任教授，原中华书局总编辑

顾　问　　蔡尚思　著名历史学家，中国思想史研究专家
　　　　　　卢燕新　南开大学文学院副教授
　　　　　　王永波　四川省社会科学院文学研究所副研究员
　　　　　　叶　舟　中国思维科学研究院院长，清华大学、北京大学特聘教授
　　　　　　于春芳　北京第二外国语学院教授
　　　　　　杨玲玲　西班牙文化大学文化与教育学博士

编　委　　陈鑫海　首都师范大学中文系博士
　　　　　　李　敏　北京语言大学古汉语古代文学博士
　　　　　　赵　芳　出版社高级编辑，曾编辑出版过多部文化类图书
　　　　　　韩　霞　山东教育基金会理事，作家
　　　　　　陈　娇　山东大学哲学系讲师
　　　　　　吴军辉　河北大学历史系讲师
　　　　　　石雨祺　出版社高级编辑，曾编辑出版过多部历史类图书
　　　　　　王　欣　全国特级教师

策划及副主编　王　俊

序 言

中国是举世闻名的文明古国，在漫长的历史发展过程中，勤劳智慧的中国人，创造了丰富多彩、绚丽多姿的文化，可以说人创造了文化，文化创造了人，这些经过锤炼和沉淀的古代传统文化，凝聚着华夏各族人民的性格、精神、智慧，是中华民族相互认同的标志和纽带。在人类文化的百花园中摇曳生姿，展现着自己独特的风采，对人类文化的多样性发展作出了巨大贡献。中国传统民俗文化内容广博，风格独特，深深地吸引着世界人民的眼光。

正因如此，我们必须深入学习贯彻十八届三中全会精神，按照中央的规定，加强文化建设。2006年5月，时任浙江省委书记的习近平同志就已提出："文化通过传承为社会进步发挥基础作用，文化会促进或制约经济乃至整个社会的发展。"又说："文化的力量最终可以转化为物质的力量，文化的软实力最终可以转化为经济的硬实力。"（《浙江文化研究工程成果文库总序》）今年他去山东考察时，又再次强调：中华民族伟大复兴，需要以中华文化发展繁荣为条件。

学习习近平同志的重要讲话，确可体会到，在政治、经济、军事、社会和自然要素之中，文化是协调各个要素协同发展、相关耦合的关健。正因为此，我们应该对华夏民族文化进行广阔、全面的检视。我们应该唤醒我们民族的集体记忆，复兴我们民族的伟大精神，发展和繁荣中华民族的优秀文化，为我们民族在强国之路上阔步前行创设先决条件。

实现民族文化的复兴，更必须传承中华文化的优秀传统。现代中国人，特别是年轻人，对传统文化十分感兴趣，蕴含感情。但当下也有人对具体典籍、历史事实不甚了解，比如说，中国是书法大国，谈起书法，有些人或许只知道些书法大家如王羲之、柳公权等等的名字，知道《兰亭集序》是千古书法珍品，仅此而已。再比如说，我们都知道中国是闻名于世的瓷器大国，中国的瓷器令西方人叹为观止，中国也因此而获得了"瓷器之国"（英语 china 的另一义即为瓷器）的美誉。然而关于瓷器的由来、形制的演变、纹饰的演化、烧制等等瓷器文化的内涵，就知之甚少了。中国还是武术大国，然而国人的武术知识，或许更多地来源于一部部精彩的武侠影视作品，对于真正的武术文化，我们也难以窥其堂奥了。我们还是崇尚玉文化的国度，我们的祖先，发现了这种"温润而有光泽的美石"，并赋予了这种冰冷的自然物以鲜活的生命力和文化性格，例如"君子当温润如玉"，女子应"冰清玉洁"、"守身如玉"；"玉有五德"，即"仁"、"义"、"智"、"勇"、"洁"，等等。今天，熟悉这些玉文化的内涵的国人，也为数不多了。

也许正有鉴于此，有忧于此，近年来，已有不少有志之士，开始了复兴中国传统文化的努力，读经热开始风靡海峡两岸，不少孩童乃至成人，开始重拾经典，在故纸旧书中品味古人的智慧，发现古文化历久弥新的魅力。电视讲坛里一波又一波对古文化的讲述，也吸引着数以万计的人们，重新审视古文化的价值。现在放在读者眼前的这套"中国传统民俗文化丛书"，也是这一努力的又一体现。我们现在确应注重研究成果的学术价值和应用价值，充分发挥其认识世界、传承文化、创新理论、咨政育人的重要作用。

中国的传统文化内容博大，体系庞杂，该如何下手，如何呈现？这套丛书处理得可谓系统性强，别具心思。编者分别按物质文化、制度文化、精神文化等方面来分门别类地进行组织编写，例如在物质文化的层面，就有中国古代纺织、中国古代酒具、中国古代农具、中国古代青铜器、中国古代钱币、中国古代石刻、中国古代木雕、中国古代建筑、中国古代砖瓦、中国古代玉器、中国古代陶器、中国古代漆器、中国古代桥梁等等。

在精神文化的层面，就有中国古代书法、中国古代绘画、中国古代音乐、中国古代艺术、中国古代篆刻、中国古代家训、中国古代戏曲、中国古代版画等等；在制度文化的层面，就有中国古代科举、中国古代官制、中国古代教育、中国古代军队、中国古代法律等等。

此外，在历史的发展长河中，中国各行各业还涌现出一大批杰出的人物，至今闪耀着夺目的光辉，启迪后人，示范来者，对此，这套丛书也给予了应有的重视，中国古代名将、中国古代名相、中国古代名帝、中国古代文人、中国古代高僧等等，就是这方面的体现。

生活在21世纪的我们，或许对古人的生活颇感好奇，他们的吃穿住用如何？他们如何过节？如何安排婚丧嫁娶？如何交通？孩子如何玩耍？等等。这些饶有兴趣的内容，这套中国传统民俗文化丛书，都有所涉猎，例如中国古代婚姻、中国古代丧葬、中国古代节日、中国古代风俗、中国古代礼仪、中国古代饮食、中国古代交通、中国古代家具、中国古代玩具、中国古代鞋帽等等，这些书籍介绍的，都是人们深感兴趣，平时却无从知晓的内容。

在经济生活的层面，这套丛书安排了中国古代农业、中国古代纺织、中国古代经济、中国古代贸易、中国古代水利、中国古代车马、中国古代赋税等等内容，足以勾勒出古人经济生活的主要内容，让今人得以窥见自己祖先曾经的经济生活情状。

在物质遗存方面，这套丛书则选择了中国古镇、中国古楼、中国古寺、中国古陵墓、中国古塔、中国古战场、中国古村落、中国古街、中国古代宫殿、中国古代城墙、中国古关等内容。相信读罢这些书，喜欢中国古代物质遗存的读者，已经能大致掌握这一领域的大多数知识了。

除了上述内容外，其实还有很多难以归类却饶有兴趣的内容，例如中国古代的乞丐这样的社会史内容，也许有助于我们深入了解这些古代社会底层民众的真实生活情状，走出武侠小说家们加诸他们身上的虚幻不实的丐帮色彩，还原他们的本来面目，加深我们对历史真实的了解。继承和发扬中华民族几千年创造的优秀文化和民族精神是我们责无旁贷的历史责任。

不难看出，单就内容所涵盖的范围广度来说，有物质遗产，有非物质遗产，还有国粹。这套丛书无疑当得起"中国传统文化的百科全书"的美誉了。这套书还邀约了大批相关的专家、教授参与并指导了稿件的编写工作。

应当指出的是，这套书在写作中，既钩稽、爬梳大量古代文化文献典籍，又参照近人与今人的研究成果，将宏观把握与微观考察相结合。在论述、阐释中，既注意重点突出，又着重于论证层次清晰，从多角度、多层面对文化现象与发展加以考察。这套丛书的出版，有助于我们走进古人的世界，了解他们的美好生活，去回望我们来时的路。学史使人明智。历史的回眸，有助于我们汲取古人的智慧，借历史的明灯，照亮未来的路，为我们中华民族的伟大崛起添砖加瓦。

是为序。

傅璇琮

2014年2月8日

前 言

中华文明是人类历史上迄今唯一没有中断过的古老文明,中华民族是世界大家庭中最多汇集人类各种优良品质于一身的伟大民族。中华文明之所以历经风雨而灿烂,中华民族之所以历经磨难而坚强,就是因为我们有着辉煌的优秀文化。

"积善之家,必有余庆;积不善之家,必有余殃。"注重家风是中华民族的优秀品格与优良传统,良好的家风是中华文明的重要组成部分,是我们成长的"营养剂"。

何谓家风?就是一个家庭或家族长期形成的风气、风格与风尚,也就是俗称的门风。它承载着一个家庭或家族的生活态度、处世方式。中华好家风就是我们中华民族在五千多年的发展过程中,用灿烂文化孕育出的各种优良的传统。好家风,是我们立身做人的行为准则,是社会和谐的基础细胞,是国家发展的巨大内在推动力量。中华好家风,是中华民族之基,是中华文化之魂,是中华传统之根,是中华发展之脉。

家风的主体是家庭,家风立足于家庭,产生于家庭,成长于家庭,是维系家庭基业长青、永不衰落的精神之魂,所以,每个家庭都应从凝聚族力、永葆家旺的高度来主导打造幸福美好的精神家园。家风既是由家庭成员创立的，也是由家庭成员来维系与传承的，只有人人都坚持不懈地发扬与光大好家风，才能使我们的国家和民族巍然屹立于世界之林。

好家风可以提升人格品质、凝聚民族力量、提高文明程度、推动社会进步。中华好家风是中华民族在漫长的历史发展过程中所形成的宝贵财富，作为中华民族的儿女都有责任与义务传承与光大中华好家风。

"家之兴替，在于礼义，不在于富贵贫贱。"知礼仪、重家风是中华民族的优秀传统。因家风清廉质朴、善良守信、进取有为而赢得赞誉的古今名人不胜枚举。包拯严厉要求其后代不犯赃滥，不违其志，否则就不是包家子孙，死了也不得葬在包家祖坟。岳母姚氏在岳飞背上刺下"精忠报国"四个大字，岳飞又严格教育参战的儿子要一心报国。清代名臣林则徐留给后辈的家训说："子孙若如我，留钱做什么？贤而多财，则损其志；子孙不如我，留钱做什么？愚而多财，益增其过。"好的家风如同无声的教诲，助人立德立言、成人成才，让后人铭刻在心、代代受益。优良的家风传承是中华文明薪火相传、灿烂不熄的重要原因。

习近平指出："家庭是社会的基本细胞，是人生的第一所学校。不论时代发生多大变化，不论生活格局发生多大变化，我们都要重视家庭建设，注重家庭、注重家教、注重家风。"阅读本书，了解我国古代人的家风文化与民族优良品德，对于新时期的家庭新风气的塑造大有裨益。

目 录

第一章 家风的基本概念

第一节 家教与家族门风 ································ 002
家风的基本含义 ································ 002
如何延续我们的"家风文化" ················ 007

第二节 古代家风文化与家风教育 ················ 010
《颜氏家训》的家风智慧 ····················· 010
古人怎样教育孩子 ······························· 012
古代家风与礼乐文化 ··························· 020

第二章 古代家风教育的内涵

第一节 古代家风智的教育 ························· 032
"智"同"道"合,不相忘 ····················· 032
安乐必戒,无行所悔 ··························· 034
淡泊明志,宁静致远 ··························· 036

人无志，非人也 ………………………………………………… 038
　　人不学，不知道 ………………………………………………… 041
　　读书以明理为要 ………………………………………………… 043

第二节　古代家风仁的教育 ……………………………………… 046
　　"仁"心所向，大爱无疆 ………………………………………… 046
　　民劳则思，思则善心生 ………………………………………… 049
　　欲择慈孝，长大能善 …………………………………………… 051
　　当思四海皆兄弟之义 …………………………………………… 053
　　独以俭素为美 …………………………………………………… 055
　　日日知非，日日改过 …………………………………………… 057

第三节　古代家风礼的教育 ……………………………………… 061
　　说"礼" …………………………………………………………… 061
　　德行广大而守以恭 ……………………………………………… 063
　　敬顺之道，妇人之大礼 ………………………………………… 065
　　礼义勿疏狂，逊让敦睦邻 ……………………………………… 068
　　恕己之心恕人 …………………………………………………… 070
　　退一步者，常进百步 …………………………………………… 072

第四节　古代家风信的教育 ……………………………………… 075
　　信——立人之本 ………………………………………………… 075
　　谦约节俭，廉公有威 …………………………………………… 078
　　有犯赃滥者，不得放归本家 …………………………………… 080
　　廉洁奉公，养浩然气 …………………………………………… 082
　　训之以宽厚恭谨 ………………………………………………… 084
　　言忠信，行笃敬 ………………………………………………… 086

第五节　古代家风孝的教育···································089

百善孝为先 ··089
扬名于后世，以显父母 ···091
扬名显亲，孝之至也 ··093
欲求子孝，必先慈 ···095
敬于父母则孝顺 ··097

第三章　古代家风教育的基本内容

第一节　伦理道德的教诲···································106

义方廉洁 ··106
志存高远 ··107
砥砺磨炼 ··109
家睦孝道 ··111
忠君信实 ··112

第二节　谋生技能的传授···································115

自理自律 ··115
独立勤俭 ··117
资身之术 ··119

第三节　文化知识的获取···································122

小学于家 ··122
重学明理 ··123
六艺并重 ··124

第四节　处世哲学的告诫···································126

慎重交游 …………………………………………………… 126
　　谨言慎行 …………………………………………………… 127
　　晓知权变 …………………………………………………… 128

第四章　古代家法族规与家风教化

第一节　家法族规是家族成员的行为准则 ………………… 132
　　家族兴盛的护身符 ………………………………………… 132
　　家法族规中的日常生活 …………………………………… 143
　　家法族规中的婚姻与立继 ………………………………… 153
　　家法族规中的惩戒措施 …………………………………… 158

第二节　宗族家风教化与族人生活 ………………………… 167
　　孝悌精神与宗法伦理 ……………………………………… 167
　　族产与睦族 ………………………………………………… 174
　　族学与宗族教育 …………………………………………… 180
　　戒规与家法种种 …………………………………………… 184

第五章　古代优秀家风故事与家风家训

第一节　世代传承的家风故事 ……………………………… 194
　　晏婴清廉拒赏赐 …………………………………………… 194
　　闵子骞孝敬继母 …………………………………………… 195
　　苏武坚贞爱国情 …………………………………………… 197
　　包青天铁面无私 …………………………………………… 198

黄庭坚孝涤溺器 …………………………………… 200
　　海瑞无私除恶少 …………………………………… 202
　　康熙以孝治天下 …………………………………… 203
第二节　古代家风家训精选 ……………………………… 206
　　孙叔敖家训 ………………………………………… 206
　　公孙侨家训 ………………………………………… 207
　　孟轲母训儿 ………………………………………… 207
　　韩非家训 …………………………………………… 208
　　刘邦手敕太子 ……………………………………… 208
　　李世民求贤篇 ……………………………………… 209
　　韩愈训子书 ………………………………………… 210
　　白居易狂言示诸侄 ………………………………… 212
　　赵匡胤诫弟书 ……………………………………… 213
　　司马光家训之和睦相处 …………………………… 214
　　纪晓岚训大儿 ……………………………………… 214
　　纪晓岚训次儿 ……………………………………… 215
　　林则徐与长子汝舟书 ……………………………… 216
　　林则徐教子书 ……………………………………… 217
　　曾国藩与子纪鸿书 ………………………………… 218

参考书目 …………………………………………………… 222

第一章
家风的基本概念

家风家训的流行,解决了全社会的文化认同问题,在深层次树立起了民众的基础道德根基。中国自古就是一个重视教育的国度,《礼记·学记》中说:"建国君民,教学为先。"就是对教育地位的最好表述。

第一节　家教与家族门风

■ 家风的基本含义

家风也称门风、家法，是一个家族传统的风尚，尤其是指其独特的家教风格，它不但关系着家族的兴衰，也与社会的风尚有着很大关系。像孔子诗礼传家的教育、石奋恭谨的门风、司马光俭朴的家风、包拯戒贪的家法，不但影响着他们的子孙，也影响着社会上众多家庭对于子孙的教育，其门风为当世及后世所啧啧称道。与文化的流传一样，家教也具有传承性的特点。良好家风的形成，不是一朝一夕的事情，需要经过几代人的努力才能使世代都保持优良的家教传统。而良好的家风一经形成，又是

▲ 孔子像

一种无形的家教，可以起到不教而化的效果，可以传衍后代，使子孙受惠无穷。这是使家族持久兴旺的重要因素之一，它不同于那些靠政治上的权势与经济上的暴富而发达起来的家族，只能是一时的显赫。

我们知道，西汉初追随刘邦打天下的开国勋臣们，封侯拜爵权势显赫的家族数以百计，不过只经历过百余年的时间就大多数败落了，但一个出身于文墨小吏的杜陵人张汤的家族却是数世兴旺。张家自张汤起发达，后历汤子安世，安世子延寿，延寿子勃，勃子临，临子放，放子纯七代人，家族的显贵一直延续到了东汉时期。《汉书》的作者班固就曾感叹说："汉兴以来，侯者百数，保国持宠，未有若富平者也！""富平"是指张汤的儿子——富平侯张安世。为什么汉初那么多的封侯之家还不如源自一个文墨小吏的家族兴旺持久？这与自张汤的父亲以来就重视家教及其"满而不溢"的家风是分不开的。张家的这种家风，一表现为对权势欲望的克制，二表现为对待财利的节俭与淡漠。张汤做官高至御史大夫，然身死之后，其家产不足五百金，这在三公的高官中是很少见的，而且又多为皇帝所赐赏。张安世也位列三公，还被封为列侯，食邑万户，但他在生活上与父亲一样注重节俭，平时身着粗绨做的衣服，由夫人亲自纺绩。张安世的曾孙张临娶皇帝公主为妻，他常以桑弘羊、霍禹家族因骄奢以致败亡为例，不时告诫子孙要以此为覆车之鉴，处处警惕。张临死前将大部分财产分给了宗族故旧，又遗嘱身后要薄葬，反对当时盛行的厚葬之风。张家代代少有败子，正是由于这种"满而不溢"的家风一直保持着持久的教育效果（《汉书·张汤传》）。

东汉中兴名臣邓禹重视家教，"闺门严谨"，他的子孙多能以此自律和教子，循而不改，形成了"严谨"的家风。邓禹的儿子邓训"于闺门甚严，兄弟莫不敬惮，诸子进见，未尝赐席接以温色"。邓训的女儿邓绥自幼与兄长们一起读书，有很好的文化修养。她在成为皇太后之后，非常重视娘家家族子弟的文化教育，认为这是避免"面墙之讥"与祸败之患的根本，为此她常亲临邓氏子弟就读的学馆严格督促检查。邓绥的长兄邓骘，遵行家门法度，以汉章帝外戚窦氏子弟居贵放纵终致败亡的教训为戒，"检敕宗族，阖门静居"，不许子弟依仗皇后亲族的身份去为非作歹（《后汉书·邓禹附邓训邓骘传》）。在东汉时期权势炙手可热的外戚之中，邓家能够做到自我约束，而且名声还很不错，可算是很难得的了。

在魏晋南北朝时期，出现了长久不衰的士族家族，他们拥有为官仕宦的特权，保持尊贵的社会地位，是其他的普通家族所远不能及的，一些望族高门香火旺盛，子孙发达，竟有延及数百年之久的。士族的出现及其家道久远的原因，除去社会重视门第的因素外，就士族自身来说，也是其重视家学、家教，并形成了各自世代相传的门风家法的结果。士族多有家族文化背景，他们以自己儒雅的门风和个人的文化修养区别于其他家族的人们。史学家陈寅恪曾经指出："夫士族之特点，即在其门风之优美，不同于凡庶，而优美之门风，实基于学业之因袭，故士族家世相传之学业乃与当时之政治社会有极重要之影响"（《唐代政治史论稿》中篇)。这种不同凡庶的门风,来自于家学与家教的影响,并造成了社会上家族门第间的差别。人们注重门风家声,标榜家教的优良,也成为一种社会风气,高门士族的风范常常会成为人们仿效的榜样。南朝琅邪士族王弘,爵位尊至太保。他行事多遵礼法,其行为举止,甚至是衣着、书法,都为人们所效仿,称他家的家风为"王太保家法"(《宋书·王弘传》)。北齐太山(泰山)钜平人羊烈,是晋朝太仆卿羊琇的后人。其家族为汉魏以来著名的士族,史书称羊烈"家传素业,闺门修饰,为世所称"。他与同僚毕义云竞争兖州大中正之职时,不无自得地夸耀自家的门风说:"岂若我汉之河南尹、晋之太傅,名德学行,百代传美。且男清女贞,足以相冠,自外多可称也。"他又讥笑毕氏帷薄不修,家风秽乱腐化(《北齐书·羊烈传》)。

特有的家教风格决定了特有的家风,特有的家风又决定了家族的不同风尚,并且带有地区上的不同特色。唐朝著名的家谱学者柳芳曾将南北朝以来各地著名士族的不同风尚特点做了概括,他说:"山东之人质,故尚婚娅,其信可与也。江左之人文,故尚人物,其智可与也。关中之人雄,故尚冠冕,其达可与也。代北之

▲ 王弘像

人武，故尚贵戚，其秦可与也"（《新唐书·柳冲传》）。各地士族的不同风尚也反映出其家教风格的不同，其大体又可分成两类，一类文质，一类雄武。文质者，强调道德人伦与文化学识的家教；雄武者，重视仕宦与武功，对子弟进行尚武精神的教育是其家教的重要特色。雄武者求进取，多是北方少数民族或受其影响的汉人家族的家风，代北、关中地区受鲜卑族风俗影响较深，人们重视对子弟骑射的训练。文质者知退让，多是汉人士族久远的家风，如为避战乱而侨居江南的著名的琅邪王氏家族门风是"持盈畏满"，王骞曾告诫儿子们说："吾家门户，所谓素族（士族），自可随流平进，不须苟求也"（《梁书·太宗王皇后列传》）。颜之推教导子孙要崇文戒武，他以颜氏祖先尚武者皆罗致祸败的教训，谆谆告诫他们："此皆陷身灭族之本也，诫之哉！诫之哉！"（《颜氏家训·诫兵》）知退让，可以避免被过深地卷入到政治中而大起大落，使家道可以久远。

自唐代以后，文化知识的传播日益庶民化，在家教中重视对子弟进行文化知识的教育，并与一贯的农家朴实的风气结合起来，形成了中古士族社会以后比较普遍的家教主旨：耕读传家。这被人们视为最理想的遗惠后世的家风，不但农家如此，读书官僚家庭也多是这样。南宋大诗人陆游在《示子孙诗》中说："为贫出仕退为农，二百年来世世同。富贵苟求终近祸，汝曹切勿坠家风。"（《剑南诗稿》）希望子孙能够保持读书出仕、农耕守家200年的家风。清代大官僚左宗棠为家族祠堂撰写的对联是："纵读数千卷奇书无实行不为识字，要守六百年家法有善策还是耕田。"（《左文襄公集·联语》）他告诫族人要真正懂得耕读传家的内在要旨，不能流于表面。耕读并重这一家风的形成，不但如陆游所说的那样，进可以应科举出仕以求发展，退可以务农为生保家远祸，是一种稳妥的处世之道，而且更重要的是教会子弟们该怎样做人，培养他们重人格修养与崇本务实的品性。

■ **如何延续我们的"家风文化"**

古代教育包括两大块，一是社会教育，二是家庭教育。社会教育由政府负责，首都有国学（后来称国子监），乡有乡校，州有州学，犹如网络般遍布天下，负责对从基层选拔上来的精英进行经典教育。家庭教育是由民众自我完成的教育方式。家庭是社会的细胞，只有每个细胞都健康了，社会肌体才会正常。治国平天下，必须要从家庭做起。

父母生育了孩子，除了从生活上抚养他们长大成人外，还应该对他们的人生道路负责，这就需要教育。《三字经》说："养不教，父之过。"父母是孩子的第一任老师，也是对子女影响最大的老师。

孟子说："天下之本在国，国之本在家。"家与国的命运息息相关。在中国历史上，历经年

▲ 孟子像

代最长的是殷商与周，前者三十一王，享祚近600年；后者三十九王，享祚800余年。适成鲜明对比的是秦，二世而亡，国祚仅30多年。意味深长的是，当时的思想家把"殷周有道之长"与"秦无道之暴"（暴是短促、暴亡）的缘由归结为对于太子的教育。读《大戴礼记》可知，周人对太子的教育分为婴儿、孩提、少年、弱冠等几个阶段，分别有不同的教育形式与目标，进行严格的、成体系的德性品行教育，要求他能够成为万民的楷模。因为太子是国家的接班人，所以要求极其严格，远非寻常人家可以比拟。秦对太子的教育违背道德，反对礼义辞让，教之以告发、刑罚、杀戮，此后太子自然会成为无道昏君，一朝暴亡。

社会对于子女的教育也予以普遍关注。《管子》中《弟子职》一篇，《礼记》的《曲礼》与《内则》两篇，记载了家庭生活的各项细节，重在培养孩子的良好习惯，对家庭文化建设具有指导意义。

到南北朝时期，出现了我国第一部家庭教育的专著《颜氏家训》。其作者颜之推是孔子高足颜渊的后代，身逢乱世，"三为亡国之人"，备受艰辛。他亲眼目睹了许多家庭一夜暴兴、一朝暴亡、大起大落的场景，深感有责任为家族垂范立训，"整齐门内，提撕子孙"，于是便结合自己的生平见闻，讲论治家、为人、治学之道，详细谈及家庭中的不同角色如何立身行事、和睦相处，使《颜氏家训》具有里程碑式的意义，成为中国的"家训之祖"。此后，各种家训便犹如雨后春笋，比较出名的有《朱柏庐治家格言》、司马光的《家范》和《书仪》、朱熹的《朱子家训》，等等。这些"家训"，没有空话废话，即使是文化程度不高的家庭也多能背诵若干名言警句,并将其作为人生秉持的原则。

家训是中国传统文化中的奇葩。家训是民间自发出现而又根植于民间,以儒家的仁义礼智作为思想核心,以修身做人作为立身之本,将与人为善、勤俭持家作为基本美德,以自我教育为主要形式,经过数代传承,即可形成优良的门风。家教不好、家风不正的家庭,会受到四邻八舍的轻视,甚至连媳妇都可能找不到。

家训的流行,解决了全社会的文化认同问题,在深层次树立起民众的基础道德,减少了大量恶性事件的发生。在全社会都在热议于道德、焦虑于价值观、倡导正能量的今天,或许,我们可以从家训、家风中起步,纯净我们的心灵,涵养社会的风气。

第二节　古代家风文化与家风教育

■ 《颜氏家训》的家风智慧

北齐颜之推的《颜氏家训》八卷二十篇,是中华的"家训之祖",内容质朴明快,说理深刻,有着"篇篇药石,字字龟鉴"之誉。颜之推生逢乱离之世,目睹许多大家族的宦海沉浮。颜氏以长辈身份,将自己的见闻及对人生的体悟,夹叙夹议,与晚辈娓娓道来,没有丝毫说教的色彩,读来颇感亲切。

我们重建当代家风家教,需要借鉴此书之处甚多,最关键的有以下几点:

首先,把读书做人作为家训的核心。颜之推把圣贤之书的主旨归纳为"诚孝、慎言、检迹"六字;认为读书问学的目的是为了"开心明目,利于行耳","若能常保数百卷书,千载终不为小人也"。他认为,无论年

▲ 颜之推像

龄大小，都应该读书学习，"幼而学者，如日出之光；老而学者，如秉烛夜行，犹贤乎瞑目而无见者也"。

其次，选择正确的人生偶像。从某种意义上来说，选择怎样的偶像，就会有怎样的人生。北齐时，一些人教孩子学鲜卑语、弹琵琶，希冀通过服侍鲜卑公卿来获取富贵。颜之推对此非常不屑，认为这样会迷失人生的方向，即使能到卿相之位，亦不可为之。他要求子女"慕贤"，将大贤大德之人作为自己的人生偶像，并且"心醉魂迷"地向慕与仿效他们，在他们的影响下成长。

最后，确立家庭教育的各项准则。家长要成为子女的楷模："夫风化者，自上而行于下者也，自先而施于后者也。是以父不慈则子不孝，兄不友则弟不恭，夫不义则妇不顺矣。"要在践行"箕帚匕箸，咳唾唯诺，执烛沃盥"等细小的生活礼仪中树立"士大夫风操"。持家要"去奢""行俭""不吝"。在婚姻问题上，要做到"勿贪势家"，反对"贪荣求利"。务实求真，不求虚名，摒弃"不修身而求令名于世"的行为，"名之与实，犹形之与影也。德艺周厚，则名必善焉"。杜绝迷信，绝对不谈"巫觋祷请"之事，"勿为妖妄之费"。

在颜之推之前，儒家亦有儿童教育的规范，但是面向全社会，强调的是共性。《颜氏家训》的意义在于，在道德共性的指导下，突出了一家一户教育的个性，调动起了家长为子女垂范立训的文化自觉。家庭是社会文明中极为重要的环节。孟子说："天下之本在国，国之本在家。"中国的文化传统讲修身、齐家、治国、平天下。修身是人德的起点，是人生第一要务。家是微缩的社会，伦常者五，家庭有其三（夫妇、父子、兄弟）。只有每个家庭都按照道德的要求和谐相处，治国、平天下才会有坚实的基础。

在《颜氏家训》的影响下，下起士庶，上至宰相，乃至帝王之家，多有自定的家训，这已成为中国传统文化的一大特色。随着家教的流行，忠孝仁爱等美德推及到千家万户，大有裨益于世道人心，其中的智慧，值得我们深思与吸收。

■ 古人怎样教育孩子

应当说，我们在儿童教育方面已经走了很多弯路，我们现在应该悬崖勒马，重新厘清我们在儿童教育方面的是与非，把儿童教育引导到正确的方向上来。同时，作为一个具有悠久历史文化的智慧民族，我们应该正确处理批判与继承的关系，到中国文化的根上去寻找智慧，去重续那几近断裂的文化基因与教育基因，来拯救我们的下一代。

1. 修身为教育之本，修身为教育之始

中国古人对成才的概括是四个字："修、齐、治、平"，修身、齐家、治国、平天下。这个包含着伟大理想同时也涵盖了巨大功利的历程，是从修身开始的。"君子务本，本立而道生。"修身，即做人之本。修身，即学习做人。那么，古人为什么要大家学做人呢？做人，换个说法，就是不做禽兽。古人常说，"要自别于禽兽"，就是自觉地与禽兽相区别。人是从动物进化来的，进化包括两个方面：一是体质，

二是心灵。人类的体质进化,已经大体上完成了;但心灵的进化却相对滞后,因而人身上或多或少地残留着动物的野性,例如贪婪、自私、无序、残暴,等等。实际上,不少人还停留于"半人"的阶段。要成为一个纯粹的人、真正的人,就需要修身,修炼自己的心灵,使自己的心变成一颗美好的心。

▲ 周成王像

孔子说:"仁者爱人。"孟子在孔子的基础上进一步发挥说,人区别于禽兽的根本,在于人是万物之灵;人身上有仁义礼智等善端,禽兽则没有。因此,人可以教育,成长为君子,而禽兽是没有这种可能的。仁义礼智四者,仁最重要,居于统领的地位。孟子还说:一个孩子掉到井里,你听到他的哭喊声就会起恻隐怵惕之心,这种恻隐之心就是仁的起端,只要是人都会有的。所以,孟子说:"无恻隐之心,非人也。"所以,中国式的教育,应当借鉴古人的智慧与见识,从启发人的道德自觉开始,唤醒人的良知。

孩子的成长离不开环境,从某种程度上可以说,有什么样的环境,就会有什么样的孩子。要想培养一个优秀的孩子,就要想方设法为孩子营造良好的成长环境,而人生的路要靠他们自己去走。"孟母三迁"

是古人为孩子的成长创造良好环境的典型。孟子能够成为儒家的杰出代表与一代宗师，被后世尊为"亚圣"，他的伟大是从他妈妈殚精竭虑地"搬家"开始的。

《大戴礼记·保傅》记载，周成王做太子的时候，为了保证他的根性纯正，让周公等三位德高望重的老臣担任太师、太傅、太保，分别负责太子的身体、德义和知识技能教育。为了太子的健康成长，从他周围逐去邪人，不让他看到恶行；又挑选天下品行端正、孝悌而有学问的人和太子一起生活；使太子见正事，闻正言，行正道，左视右视，前后都是正人。长期与正人相处，自己岂能不正！就好比生长在楚国的人，不能不说楚语一样。孔子说："少成若性，习惯之为常。"太子上的小学，有东南西北四处，称为"四学"，所学的内容各有侧重：东学如何尊亲，南学如何尊老，西学如何尊贤贵德，北学如何尊重有爵位者，以此来树立太子良好的道德基础。古人为了孩子的健康成长可谓殚精竭虑。

2. 知行合一，注重礼仪

古人把青少年教育分为小学和大学两个阶段。八岁入小学，由于年龄小，理解不了大道理，所以着重培养良好的生活习惯，其主要途径是学习礼仪。例如，为了帮助孩子学习与践行孝道，古人制定了一整套生活礼仪：早起要向父母请安，美味可口的饭菜要先请父母品尝，要关心父母，父母外出子女要左右扶持，父母有所召唤要"唯而不诺"（唯，是紧凑而明快的回答，表明很在意父母的招呼，如果正在看书、吃饭、玩耍，要立即停止，尽快跑到父母面前；诺，是拖腔拉调的回答，懒懒散散，不以为意）。通过这些生活细节来规范孩子的习性，纠正孩子的不良嗜好，培养他们的恭敬之心。

千里之行始于足下，远大的抱负，必须要从当下的点点滴滴做起。东汉名士陈蕃，独居一室而龌龊不堪。他父亲的朋友薛勤问他："为何不打扫干净来迎接宾客？"他回答说："大丈夫处世，当扫除天下，怎么能只扫一间屋子？"薛勤反唇相讥："一室不扫，何以扫天下？"治国平天下的人，要勤政。勤劳的习惯要从小培养，因此，要求孩子"黎明即起，洒扫庭除"，做力所能及的家务。

3. 榜样的力量是无穷的

人都有偶像，尤其是儿童。学习什么样的人，崇拜什么样的人，预示着他将会成为什么样的人。古人深谙此道，并运用娴熟。古代的儿童读物总是把历代的忠臣良将作为重点来介绍。京师的孔庙和国子监，是全国的最高学府，除了孔子和四配、十二哲之外，东西两庑还有历代先贤与先儒的牌位。凡是对国家和中华文化做出过杰出贡献的人，例如岳飞、文天祥、陆秀夫、顾炎武等，都在这里受到人们的瞻仰与祭祀。地方学官一般还祭祀当地的乡贤，

以此来激励青年后学。

文天祥是江西吉水人，在儿童时代，其看到学宫祭祀的欧阳修、杨邦乂、胡铨等人的像，谥号都有"忠"字，欣然慕之，立志要成为他们那样的人，于是便发奋读书。他在衣带中写道："读圣贤书，所学何事？而今而后，庶几无愧。"

古人特别重视正面人物对于社会的垂范意义。因此，《二十四史》大多有《孝友传》《忠义传》，内容极为丰富，里面的杰出人物是后人学习的楷模。例如青年将军霍去病，出生入死，打击匈奴，屡建奇功，皇帝要奖励他一栋豪宅，他不为所动，说"匈奴未灭，无以家为"。司马光是北宋著名的政治家，如今大家只知道"司马光砸缸"的故事，殊不知，他还是一位清正、廉明、无私、奉公、声望极高的政治家。另一位北宋的名相范仲淹也是如此，亦有许多感人的事迹。类似的教材，对学生有非常正面的作用，应该很好地加以利用。以《颜氏家训》为代表的古代儿童教育思想能够带给今人以启迪。

颜之推是我国南北朝时北齐的文学家，他身逢乱世，常年漂泊，经历了侯景之乱等重大社会动荡，历经梁、北齐、北周、隋四朝，但依然能有所作为，官拜散骑侍郎、黄门侍郎、平原太守、隋东宫学士等，非常罕见，他把这一切都归结于自己的门庭有整密的风教，"吾家风教，素为严密"，教育有方，格局清高。他目睹过太多大起大落的人物与事件，阅尽了沧桑。他晚年最关心的事，是教导后人如何在乱离之世安身立命、保持节操。他以长辈的身份，将自己对于人生的理解以及如何治家、为人、为学等经验教训著为七卷二十篇，这就是被后人誉为"家训之祖"的《颜氏家训》，对后世产生了非常大的影响。颜之推在家庭教育方面主要强调的几点是：

1. 宽猛相济，慈严结合

父子之间，既要有严格要求，不得狎昵；又要有骨肉之爱，不能隔膜。两者要处理得当，很不容易。他认为，爱孩子，一定要严格要求，不能溺爱。北齐武成帝的第三个儿子琅琊王，是太子的同母弟，武成帝和皇后都很喜欢他，其衣服饮食与太子完全相同。武成帝还常常当面称赞他："这个聪明的孩子，将来一定会有所成！"太子继位之后，他的待遇处处有僭越，高于其他兄弟。十岁左右，就骄横恣意，没有节制，器物玩好，一定要与天子一样。只要有一件东西未获满足，就会勃然大怒。结果，年仅14岁就被人杀了。颜之推认为，他实际上是被溺爱自己的父母害死的。父母是孩子的第一任老师，也是影响最大的老师，两人分别承担着不同的角色。严父与慈母，一个主管孩子的德行学艺是否达标，另一个负责给孩子亲情与温暖。俗话说是"红脸"与"白脸"，但其目标是一致的。

2. 风范与节操并重

颜之推说，在动荡的年代，找书很困难。但是，有些学问很好的君子为了保持自己的道德与风范，便"自为节度，相承行之"，就是自己制定礼仪规范，传承推行。世人仰慕他们，称之为"士大夫风操"。由于他们有操守，世局再乱，也能做到"蓬生麻中，不扶自直"。颜之推以大量的篇幅介绍士大夫的风范与节操，是当代家庭教育值得认真研究学习的重要思想。

3. 仰慕贤达之士

颜之推说，千年出一位圣人，五百年出一位贤人，圣贤之难得，可想而知。因此，如果遇到罕见的明达君子，怎么能不攀附景仰呢？我生于乱世，长于戎马之间，颠沛流离，闻见很广，但对于所遇到的明贤，没有不心醉魂迷地向慕的。人在少年之时，神情未定，接触的人，形形色色，即使无心去学他们，但是潜移默化，不知不觉之中，就随之发生了变化。所以说，与善人居，如入芝兰之室，久而自芳；与恶人居，如入鲍鱼之肆，久而自臭。墨子悲于染丝，是之谓也。君子必慎交游！

《颜氏家训》使该家族的十几代都极为富贵荣耀，如颜真卿、颜师古，都是一时之选。颜氏族人在世所得家产最终往往散放社会，只留给后辈这本祖训，并训谕后人谨遵不违，这才有了颜家十几代的兴旺。

江南无锡荣氏家族，是近代著名的民族资本家，毛泽东曾说过："荣家是中国民族资本家的首户，中国在世界上真正称得上是财团的，就只有他们一家。"如今，荣氏家族已经有第五代了，除少数继续留在中国大陆外，大都旅居海外，主要分布在美国、加拿大、澳大利亚、巴西、德国和中国的港澳等地。荣氏家族百年长盛不衰的秘密何在？笔者最近在无锡发现了一本《人道须知》，大概可以为这一问题提供答案。这本书由荣宗铨主编，民国十六年初版，现藏于无锡图书馆。

书的目录是：卷一，孝悌；卷二，忠信；卷三，礼义；卷四，廉耻；卷五，家庭；卷六，生活；卷七，自治；卷八，处世。目录中的"孝悌、忠信、礼义、廉耻"八个字，是中国古代文化中教育思想的精华。荣家的兴起与兴盛正是以这样的文化自信作为依托的。

4. 启迪

（1）教育要早。《易经》说：

▲ 程颢像

"童蒙养正。"儿童在开蒙的时期，一定要让他受到正确的教育与引导，这一点非常重要。童年时代，心灵纯净，受外界的污染少，这时进行教育的成效最佳。一旦犯了错误，也比较容易纠正。《大戴礼记》引了一句民间的谚语，叫做："教妇初来，教儿婴孩。"就非常有道理。新娘初次来到婆家，公公婆婆要先告知家里的生活习惯以及相应的规范，这样她就能比较迅速地融入到新的家庭生活中了。而相反，一开始不做要求，等到矛盾激化了再去处理，就很被动了。教育孩子也是如此。孩子的教育必须要从婴孩时期开始，才最为理想。孩子的教育，行胜于言。《弟子规》是一本非常适合于儿童行为教育的读本，与侧重于知识教育的《三字经》《千字文》不同，它的特色是教孩子怎么做，对于帮助孩子建立正确而优良的习性会有较大帮助。

（2）礼仪为先。中国是礼仪之邦。礼是按照道德理性的要求制定出来的行为准则。《礼记》说："礼者，理也。"古人把儿童教育的理念，例如孝顺、尊重、敬畏、谦退，乃至优雅、文静等，都糅合进了礼仪规范之中，让孩子天天学习，天天实践，以求培养出君子的气象来。颜之推十分看重儿童的礼仪教育，他说："吾观《礼经》，圣人之教，箕帚匕箸、咳唾唯诺、执烛沃盥，皆有节文，亦为至矣"，每个仪节都经过了精心设计，都有着深刻内涵。司马光也说："治家莫如礼"，应"以义方训其子，以礼法齐其家"。行为规范的学习，比理论要容易得多，孩子也容易接受。孩子在学习的过程中，可逐步体会到礼的涵义，并且逐步内化为自己的品格。

中国古代至少从先秦时期以来就非常重视儿童教育，其基本特点就是注重孩子的德性和礼仪教育。《颜氏家训》开启了家教与门风的传统，从南北朝到隋唐，知识界普遍重视制定家庭的礼仪规范，私家仪注屡见不鲜。宋代的程颢、程颐和张载等，在自己的家庭中施行儒家礼仪；司马光的《书仪》和《家范》，谈了很多立身处世、成家立业的道理，足称楷模，值得我们批判继承，发扬光大。

■ 古代家风与礼乐文化

中国传统文化以"礼乐文化"为表征。从周公"制礼作乐"，到孔子强调为人要"同于诗，立于礼，成于乐"，到荀子最早系统地论述礼乐问题："乐行而志清，礼修而行成，耳目聪明，血气和平，移风易俗，天下皆宁，美善相乐。"礼与乐不但是治国安邦之道，更是中华子民的人生境界。"礼别异，乐和同"，在秩序与艺术、理性与感性的协同前行中，社会和谐安宁，生命有张有弛、精彩纷呈。礼乐文化区别于西方的宗教文化与思辨哲学，却是中华民族"以人为本"的典范，至情率性。

周公要求执政者应懂得尊重人，哪怕是一个小民、一个鳏寡之人，都不要欺侮，身份更高的人当然就更不用说了。那么，作为社会成员的个人，自身又应该如何处世，怎样才能被他人所尊重呢？人只有不断提升自己的境界，才能成为受他人尊重的人。作为一个政府来讲，最重要的事情之一就是要提升人民的道德水准，而不仅仅是要把经济搞好。如果经济上去了，而人的精神面貌却非常差，那这个社会是不能进步的，甚至是要灭亡的。商朝的灭亡就是一个教训。

大凡一个政治家或者一个思想家，在推出他改造社会的理论体系或者方案的时候，他一定要思考一个问题，那就是我这套理论怎样最大限度地契合人自身的特点。这个契合点找得越准，他那套理论的效果就越好。道家认为人都不希望被别人约束，喜欢放任自流，所以主张"无为而治"。法家认为人都害怕刑法，所以主张一切问题都用"法"来解决。儒家认为，人是有丰富情感的动物，因此，所用的政策都要从顺应人性出发。

人性是什么呢？就是我们每个人与生俱来、不学而能、不教而有的天性。具体来说，是指人的喜怒哀乐等情感。儒家认为，统治者要想长治久安，就一定要尊重、顺从人的这种"性"。

人性原本深藏于我们的生命体内，无所偏颇。但是，当外物影响你的时候，你就会做出反应：是喜还是怒？是哀还是乐？等等。性一旦表露出来，就称为"情"了。儒家主张"己所不欲，勿施于人"，自己不喜欢的东西就不要强加于他人，因为"四海之内，其性一也"，人性是通的。

说到这里，好像很简单，儒家要求执政者应懂得尊重人性，不是已经把问题解决了吗？其实这仅仅是一个前提，只说了一半，而且是非本质的一半。为什么？因为人性有它的弱点。人跟动物一样，是从动物界来的，动物性与人性之间有很多相通的地方，许多从动物身上见到的那种不好的动物性，其实在人性上都有，比方说贪婪、残暴、争斗、不守秩序等，这些东西人的身上也有。

因此，如果过分地强调人性得自天命，过分地强调它的合理性，不许对它有半点限制，那就是将人性等同于了动物性。道家就是这样的。儒家认为人性不能放纵，人是动物的灵长，人应该对自己的性情有所把握。有些人很

▲ 子思像

欣赏"性情中人",我说这要看什么场合。如果过分强调个人的性情,不适当地张扬它,只要是我的真性情,我想怎么做就可以怎么做,那这个社会非乱套不可。

那么,人性要把握到什么程度呢?有一句大家非常熟悉的话,叫作"乐而不淫,哀而不伤"。人的性情要有一个度,要达到"不偏不倚""无过无不及"这样一种境界。子思的《中庸》,我想很多人都读过,《中庸》开头有一句话叫"天命之谓性",什么叫"性"呢?天赋予你的就叫"性"。《中庸》接着说"率性之谓道","率"就是沿着,沿着人性去治理民众,几乎就是治民之道了,这一点我们在上面已经谈过。《中庸》中又说:"修道之谓教。"人性有天生的弱点,任何人不可能生下来的时候,他的人性就是不偏不倚,而且一辈子都不偏不倚,这不可能。所以,要通过"教"来修正人性,这个教就是教育。而教育的手段就是"礼"和"乐"。《礼记》中说"礼缘情而作",意思是说礼是从人的情感出发来制定的。

《中庸》中说:"喜怒哀乐之未发,谓之中;发而皆中节,谓之和。中也者,天下之大本也;和也者,天下之达道也。"就是说,在受到外物的影响之前,喜怒哀乐没有偏向,处于中立的状态。一旦受到外物的作用,喜怒哀乐被诱发出来时,都能恰到好处、合于道的要求,这就是"和"的境界了,和是天下最大的"道"。所以,人的情感不能大喜、大悲、暴怒,也不能怠惰、懦弱、无情,要力求进入"大中至正"之域,这样才是一个有教养的人、一个文明时代的人、一个脱离了动物境界的人。所以说，这个"礼"是规范你的行为的。

音乐是人类所共有的文化现象，许多民族在新石器时代就掌握了音乐的原理，能够演唱歌曲。对于绝大多数民族而言，音乐是娱乐的工具，自娱或者群娱。而中国却将音乐作为教化的工具，而且是教化的最高形式，这是中国传统文化最重要的特色之一。

所谓"乐为心声"，是说乐是人类发自内心的情感之声。人的快乐，是"情动于中"的结果。某件事情感动了我，我就会情不自禁地说："好啊！"就会"形于言"。如果我觉得这样还不足以表达我的情，"言之不足"，就要"嗟叹之"，"好啊，唉呀！"如果嗟叹之仍然不足，我就会"咏歌之"，想用唱歌来表达内心的兴奋。如果觉得"咏歌之"还是不足以表达自己的心情，就会不知不觉地"手之舞之、足之蹈之"了，高兴得手舞足蹈。所以说，"乐"是表达人类感情的方式之一。

儒家觉得，人既然是情感的动物，那么对情感影响最直接、最强烈的是"音"。儒家认为，要选择对大众身心健康有益的、对社会有益的、对人有道德教化作用的歌曲，儒家把这样的歌曲称为"乐"，并且明确地界定说"德音之谓乐"。

儒家主张人应该"内外兼修"，礼乐文化的分工，是礼外、乐内。人的外在的言谈举止，要通过"礼"来加以规范；而内在的德性以及和谐的性情，则要通过"乐"来提升。内在德性的提升比较困难，可能需要一生的努力才能达到，而外在的行为举止则比较容易规范。为了便于大家修身，儒家还制定了一套符合道德要求的行为规范，就是通常所说的"礼",以此来教育大众。你每天践行礼仪规范,不仅可以端正行为,而且还可以反过来促进你内心的修养,使你的德行内化。我们知道,许多宗教都有仪式,佛教、伊斯兰教、基督教等都有复杂的仪式与戒律,它们的目的也都是要让人在践行的过程中强化内心的信念。形式虽然彼此不同,但道理是一样的。儒家认为,涵养心性,最好的方法就是听德音雅乐。古代的文人都喜欢抚琴,有的还要燃上一炷香,它不是为了娱乐,而是为了陶冶心性。一个人沉浸在这种德音雅乐里面,他的心态一定是非常平和的。

礼与乐相比,乐更加重要,是礼的内在动力。儒家特别强调人内在的德性,《礼记》中有一句话,叫作"德辉动于内","理(礼)发诸外"。你内心要有一个"德"字,这个"德"字在发着光辉,你的合于礼的行为就会自然流露于外,内外俱修,这才是一个君子。

 知识链接

六朝时期的门第之别与文化差异

六朝时期,江东士族在学术倾向、家族信仰、文学风貌等诸方面都表现出了不同于门阀社会的主流文化的特征。这与三国时期江东学风的保守有关,但更主要的原因却在于西晋平吴以后,中原士族所建构的北尊南卑的门阀秩序。从西晋平吴、南士入洛起直至南朝末年,江东士族与中原士族相互冲突的事件可谓史不绝书。南北士族冲突的根源在于北尊南卑的门第秩序。六朝历代,随着皇权、侨姓和吴姓三种政治力量关系的变化,门第秩序也呈现出不同的特点。南北士族的门第之别是形成

南北文化差异和江东士族文化独特风貌的主要因素。

南北冲突既表现在政治利益方面，也反映在文化观念当中。政治方面的冲突，如：西晋陆机、陆云兄弟之败亡，是由于触怒了孟玖、卢志等中原士人。又永嘉南渡之后，北人轻视南人的习惯心理仍然存在。《世说新语·规箴》中曰："陆玩拜司空，有人诣之，索美酒，得，便自起，泻著梁柱间地，祝曰：'当今乏才，以尔为柱石之用，莫倾人栋梁。'玩笑曰：'戢卿良箴。'"陆玩拜司空，是在咸康六年（340年）正月《晋书·成帝纪》。这位士人言语之间对陆玩的德才不以为然，很可能便是一位对朝廷任用南士心怀不满而又无可奈何的侨姓士人。南齐时南北士族冲突的公案为数甚夥，如王俭曾阻挠朝廷重用吴郡张绪、江州程道惠等南士。文化方面的冲突如：西晋时，范阳卢志在大庭广众之下直呼陆机祖父的姓名，此类似乎无关宏旨的小节，却折射出多数中原士族对江东名士的鄙视、妒忌等敌对心理。又南齐时吴郡陆澄博物多识，王俭却讥之曰："澄所谓博而寡要。"载于《南齐书·王俭传》。

导致南北士族冲突的原因是多方面的。以往的学者或从门第之争着眼，或就地域偏见发论，参见周一良《〈南齐书·丘灵鞠传〉试释兼论南朝文武官位及清浊》，载《魏晋南北朝史论集》。事实上，在门阀制度下，这两者之间有着深刻的因果关系。六朝时北人对南士的地域偏见，并不仅仅局限于意气之争，而是深深地渗透于门阀秩序之中，体现为北尊南卑的门第之别。此外，这一门阀秩序的形成，还与西晋初年江东士族曾经在军事上被中原征服过有关。从西晋平吴之后，北人斥南士为"吴楚之士，亡国之余"，（《世说新语·言语》"蔡洪赴洛"条）。一说来看，北人不仅以中原正统自居而鄙视南士，而且以军事胜利者的身份傲视江东的被征服者。正因如此，以南北士族的门第之别而不是单纯的地域偏见来概括南北矛盾的背景，才能更全面地揭示六朝南北士族关系的实质。

北尊南卑的门第秩序是贯穿了整个六朝时期的。西晋平吴之后第一批入洛的江东士人多为孙吴贵胄，却被晋朝视为寒士。据《晋书·纪瞻传》载，永康初年，州举纪瞻为寒素。西晋寒素的定义为："寒素者，当为门寒身素，无世祚之资。"载于(《晋书·李重传》)。纪氏非吴郡、会稽的大族，但纪瞻祖父纪亮为吴尚书令，父纪陟为吴光禄大夫，故纪氏仍堪称孙吴一流士族，入晋之后却不得不以寒素的身份入仕，由此不难窥见此时江东士族在西晋门阀体系中的卑微地位。

永嘉南渡后，开始出现将南北士族并举的说法，如东晋时吴郡张玄之与陈郡谢玄并称"南北二玄"，可见此时江东望族已被纳入到士族行列。不唯如此，作为一种权宜之计，朝廷还允许江东士人担任三公、令仆等一流清职（详下）。迨于刘宋，江东士族的政治地位便大幅度下降，梁代天监初年梁武帝曾对吴郡张率曰："秘书丞天下清官，东南胄望未有为之者。今以相处，足为卿誉。"（载于《梁书·张率传》。）此说透露了萧梁以前秘书丞等清显职位一直由侨姓高门垄断的消息。而萧梁时这类职位也只是偶尔对江东士族中的杰出人士开放。显然，就"宦"的一端来看，江东士族在南朝门阀体系中一直屈居侨姓高门之下。

而从江东士族的婚姻状况，则可以更加准确地把握其门第的升降。《世说新语·方正篇》中载："王丞相（导）初在江左，欲结援吴人，请婚陆太尉（玩），刘曰：培塿无松柏，薰莸不同器。玩虽不才，义不为乱伦之始。"陆玩

▲ 陆机像

以"薰莸不同器"为理由拒婚，表明他认为侨姓非我族类。历来的学者在论述南北士族关系时，都注意到了这段材料，认为陆玩的态度反映了东晋初年南北士族的隔阂，事实上南北不婚的状况几乎历经六朝而未改。从现有资料看，两晋以来江东士族内部相互通婚者有十六例，而南北士族通婚仅六例，其中除了刘宋时张冲之母为谯郡戴颙之女外，萧梁时张率与京兆韦放两度联姻、朱异为济阳江子一姑夫、张嵊娶彭城刘孝绰妹、陈朝时虞世基娶东海徐陵侄女等五例皆发生在南北士族逐步融合的梁陈两代。更重要的是，与南士联姻的侨姓士族大多并非高门。如京兆韦氏虽为三辅著姓，但直至宋末才南渡并仕宦于南朝。

东晋以来，门阀社会对晚渡北人常加以排抑，史称"晚渡北人，朝廷常以伧荒遇之，虽复人才可施，每为清途所隔"（载于《宋书·杜骥传》）。如京兆杜氏晚至东晋末年才随宋武帝南渡，故每每受到排挤。而韦氏南渡更在杜氏之后，并且韦睿虽然文武兼备，但主要是以军功获取高位的，由此不难推测，京兆韦氏属于侨姓二流士族。刘孝绰所属的彭城刘氏同样是在刘宋时以军功起家的，齐梁之际才完全转化为文化士族。

吴郡张氏与京兆韦氏、彭城刘氏的联姻，表明江东士族中最为出色的张氏也只能与侨姓的二流士族门当户对。这一事实还揭示出六朝南北矛盾的实质：与其说是整个侨姓士族群体对南士的地域偏见，毋宁说是中原高门与南方大族之间的压抑与反压抑。萧梁时侯景请娶于王、谢，梁武帝曰："王谢门高非偶，可于朱张以下访之。"（《南史·侯景传》）此说更为直接地反映了北尊南卑的门第秩序至萧梁时仍未发生根本改变。

更耐人寻味的是，六朝时期为门第秩序所抑的次门士族比比皆是，何以唯独南北士族的门第之别导致了政治、经济、文化等方面如此激烈的冲突？原因有二，一是由于江东士族大多在东汉末年已成为经明行修的文化家族，孙吴政权又采取了倚重世家大族的政策，江东士族的文化实力和昔日的政治地位都不亚于中原士族，因此北尊南卑的门第秩序完全是由中原士族的地域偏见和孙吴亡国所导致的，江东士族自不可能心甘情愿地接受这一秩序。二是永嘉南渡以后，北人侨居南土，却仅在东晋一世做出了与南士分享政权的姿态，刘宋以降便多方排挤南士，这不能不引起江东士族的不满。

第二章
古代家风教育的内涵

家风是什么？好家风应该拥有什么样的内涵？纵观历史，放眼当下，你会觉得家风是传统美德，是仁义礼智信，是真善美的方方面面，是一股股正能量，可以温暖人心。

第一节　古代家风智的教育

■ "智"同"道"合，不相忘

▲ 李世民像

古人云：智，知也，无所不知也。"智"是个形声字，从知从日，知亦声。"知"是"说得准""一语中的"的意思，"日"指"日子""每天"。"知"与"日"联合表示"每天都能一语中的"，现在我们常认为"智"是聪明智慧、有见识的意思。

伟大的思想家孔子说，"知（智）者不惑，仁者不忧，勇者不惧"，他将"智"与"仁""勇"两个道德规范加以并举。而亚圣孟子则以"仁义礼智"四德并提。

到了汉代，儒家"五常"（仁义礼智信）确立，智紧跟在仁义理这些重要道德的后面。可见，在我国儒家的道德规范中，"智"是理想人格的重要品质之一。

在古人看来，智慧与道德从来都是紧密相连的。

中国历史上最出色的政治家、一代明君唐太宗李世民曾说："夫帝子亲王先须克己。"他要求亲戚们作为皇亲贵戚，必须严格要求自己，他自己也是这样做的，出外时未享受游览观赏风光名胜的乐趣，在宫中不敢沉溺于歌舞女色，在位期间，虚心纳谏，厉行节约，使百姓休养生息，开创了中国历史上著名的"贞观之治"，这是智与德结合的有力证明。

在写给8岁儿子诸葛瞻的《诫子书》中，诸葛亮写道："非淡泊无以明志，非宁静无以致远。"这也是诸葛亮人生经历的总结，"收二川，排八阵，六出七擒，五丈原前，点四十九盏明灯，一心只为酬三顾；去西蜀，定南蛮，东和北拒，中军帐里，变金木土爻神卦，水面偏能用火攻"，这副对联将诸葛亮鞠躬尽瘁的一生描绘得淋漓尽致，诸葛亮恬淡寡欲、寂寞清静，却有明确的志向，他也是智与德的完美结合。

像他们这样，用自己高尚的道德，使智慧才能最大限度地发挥作用的例子还有不少。爱因斯坦曾说："伟大人物对于历史进程的意义，在其道德品质方面，也许比单纯的智慧成就还要大。"是的，哪怕一个人无智，也不影响他成为让人敬慕的人。但若一个人无德，再高的智慧也顿失了其辉煌与礼赞。秦桧是宋朝状元,但他迫害忠臣,卖国求荣,如此智慧,于国于民,有害无益。到了现代社会,清华大学学生用硫酸泼熊,美国大学生制造校园枪击案,"黑客"在网络上横行,文凭造假、学术造假屡见不鲜,这些人不乏"智慧",而道德能弥补智慧的缺陷,智慧又怎能填补道德的空白呢?

东汉学者蔡邕在《女训》中告诫女儿蔡文姬:"心犹首面也,是以致饰焉。"蔡邕巧用比喻,说明人心就像人的脸面一样,要精心修饰。脸面一天不清洗,会被灰尘污染;不净化内心,邪恶思想会侵蚀。这些话提醒我们:面容的美丽固然很重要,但品德和学识的修养对人来说更为重要。

《礼记·大学》中写道:"大学之道,在明明德,在亲民,在止于至善。"说的是我们读书做学问,在于彰显光明、完美德性,并用这种德性去除旧布新,成为新人,以达到完美无缺的最高境界,我想这就是"智"同"道"合,永不相忘吧。

■ 安乐必戒,无行所悔

黄帝(前2717—前2599年),古华夏部落联盟首领,中国远古时代华夏民族的共主,五帝之首,被尊为中华"人文初祖"。据说他是少典与附宝之子,本姓公孙,后改姬姓,故称姬轩辕。居轩辕之丘,号轩辕氏,建都于有熊(今河南郑州新郑市),亦称有熊氏。黄帝部落由甘肃天水自西向东迁移,史载黄帝以姬水成,因有土德之瑞,故号黄帝。黄帝以统一华夏部落与征服东夷、九黎族而统一中华的伟绩被载入史册。黄帝在位期间，播百谷草木，大力发展生产，始制衣冠、建舟车、制音律、创医学等。

黄帝《金人铭》中道：

古之慎言人也，戒之哉！无多言，多言多败。无多事，多事多患。安乐必戒，无行所悔。勿谓何伤，其祸将长。勿谓何害，其祸将大。勿谓何残，其祸将然。勿谓莫闻，天妖伺人。荧荧不灭，炎炎奈何？涓涓不壅，将成江河。绵绵不绝，将成网罗。青青不伐？将寻斧柯。

诚不能慎之，祸之根也。曰是何伤，祸之门也。强梁者不得其死，好胜者必遇其敌。盗怨主人，民害其贵。君子知天下之不可盖也，故后之下之，使人慕之。执雌持下，莫能与之争者。人皆趋彼，我独守此。众人惑惑，我独不从。内藏我知，不与人论技。我虽尊高，人莫害我。夫江河长百谷者，以其卑下也。天道无亲，常与善人。戒之哉！戒之哉！

这两段话的意思是说：

古人的言论是慎重的。要警惕！不要多说话，多说话多毁坏。不要多事，多事多祸患。对于安乐，必须要警惕，不要做后悔的事。不

▲ 黄帝像

要说没关系，它的祸患将会很长。不要说没害处，它的祸患将会很大。不要说没有伤害，它的祸患即将产生。不要说没听到，上天在窥视着你。荧荧如豆的小火不熄灭，变成烈火将怎么办？涓涓的细流没有堵塞，将积成江河。细小的丝线绵绵不绝，将会变成网罗。青青的小苗不拔掉，将来只能用斧头来清除。

如果真的不谨慎对待它，那是祸根。说这有什么关系，是祸门啊！强横的人没有好结果，好胜的人必定会遇到他的敌手。强盗怨恨主人，人们嫉妒他的尊贵。君子知道天下是盖不住的，故处于天的后面、下面，使人羡慕。保持柔弱，保持低下，没有人能跟他争。人常争名逐利，我独守此道。众人迷惑盲从，我却坚信不移。我的内在的才能深藏心中却不以之炫耀，不跟别人比较技艺的高低。我虽尊贵，人们却不嫉妒我。那江河之所以能容纳百川，是因为它处在低下的地位。天道没有亲疏，常常施福给善人。要警惕！要警惕！

■ 淡泊明志，宁静致远

诸葛亮（181—234年），字孔明，号卧龙，是三国时期蜀汉的丞相，杰出的政治家、军事家、散文家、发明家。徐州琅琊阳都（今山东临沂市沂南县）人。东晋时因其军事才能被特追封为武兴王。其散文代表作有《出师表》《诫子书》等。曾发明木牛流马、孔明灯等，并改造连弩，称为诸葛连弩，可一弩十矢俱发。于建兴十二年（234年）在五丈原（今宝鸡岐山境内）逝世。在世时被封为武乡侯，死后追谥忠武侯。

《诫子书》是诸葛亮54岁临终前写给8岁儿子诸葛瞻的一封家书,成为后世历代学子修身立志的名篇。诸葛亮也是一位品格高洁、学识渊博的父亲,其对儿子的殷殷教诲与无限期望尽在该文中。

《诫子书》原文如下:

夫君子之行,静以修身,俭以养德,非淡泊无以明志,非宁静无以致远。夫学须静也,才须学也,非学无以广才,非志无以成学。淫慢则不能励精,险躁则不能冶性。年与时驰,意与日去,遂成枯落,多不接世,悲守穷庐,将复何及!

这段话的意思是说:

那些有道德修养的人,他们用静心反省让自己尽善尽美,用俭朴来培养自己的品德,不清心寡欲就不能让自己志向坚定,不安心清静就不能长期坚持实现自己的理想。学习真知必须要静下心来研究探讨,人的才能是从不断学习中积累而来的,如果不用功学习,就不能增加自己的才干,如果没有坚定的意志就不能使学业成功。放荡不羁、消极懈怠就不能激励自己而让精神振奋;冒险草率、急躁不安就不能陶冶自己的性情。年华随时间流逝,意志随时间消磨,终究会像枯枝败

▲ 诸葛亮像

叶般衰落，这样人就不为社会所用，只有悲苦地守着穷家破屋，到那时后悔都来不及了。

诸葛亮年近半百才得一个男孩，他把无限的爱子之情都倾注到了这个幼童身上，希望他将来能够高瞻远瞩，深谋远虑，因而取名"瞻"，字为"思远"。公元234年，诸葛亮率兵进驻五丈原，他积劳成疾，出师前，给诸瑾写了封家信，认为儿子仅有小聪明，恐难成栋梁之材。只有到实践中去锻炼，才有可能成就一番事业。在遗嘱中希望子弟们保持自食其力和勤俭的作风，好学上进，成为有用的人才。

诸葛亮的儿子没有辜负父亲的期望，后来在蜀国担负了军政重任。公元263年，魏军攻打蜀国，诸葛瞻率兵抵抗。魏军统帅邓艾派人送劝降信说："只要你投降，我允你做琅琊王。"诸葛瞻见信大怒，当场将来使斩首，率兵抵抗，不幸阵亡。那时他才37岁。这种临危不惧、报效国家的精神正是诸葛亮教育和影响的结果。

■ 人无志，非人也

嵇康（223—262年），字叔夜，三国时期魏国谯郡铚县（今安徽宿州市）人。著名文学家、思想家与音乐家，魏晋玄学的代表人物之一，精于音律。嵇康早孤，有奇才，远迈不群，天质自然，恬静寡欲，宽简有大量，"学不师授，博览无不该通"。拜中散大夫，常修养生服食之事，弹琴咏诗，自足于怀（均见《晋书》本传）。年四十，为晋文帝所杀。他是"竹林七贤"的领袖人物，创作有《长清》《短清》

《长侧》《短侧》，合称"嵇氏四弄"。其留下的《广陵散》成为我国的十大古琴曲之一。他的《声无哀乐论》《与山巨源绝交书》《琴赋》《养生论》等作品亦是千秋相传的名篇。

嵇康在其《家诫》中写道：

人无志，非人也。但君子用心，所欲准行，自当量其善者，必拟议而后动。若志之所之，则口与心誓，守死无二。耻躬不逮，期于必济。

若心疲体解，或牵于外物，或累于内欲；不堪近患，不忍小情，则议于去就。议于去就，则二心交争。二心交争，则向所以见役之情胜矣。或有中道而废，或有不成一篑而败之。以之守则不固，以之攻则怯弱。与之誓则多违，与之谋则善泄。临乐则肆情，处逸则极意。故虽繁华熠耀，无结秀之勋；终年之勤，无一旦之功。斯君子所以叹息也。

这两段话的意思是说：

人没有志向，就不能算是真正的人。只要君子专心，所想的要按规范行事，自然

▲ 嵇康像

应当衡量事情的善恶，一定要先计划商议而后行动。如果事情正是心志所追求的，便应心口合一，坚守到死而不再改变。亲身去做未达目的则应感到羞愧，而期盼事情一定成功。

如果身心疲惫懈怠，或者牵累于外物的诱惑，或者牵累于内心的欲望，不能忍受眼前的忧患，不能忍受细故引发的感情波动，就会犹豫于或去或就。犹豫于去就之间，便会两种思想互相斗争。两种思想互相斗争，那么被私欲杂念支配的思想便会获胜。因而有的人半途而废，有的人功亏一篑。这时，用他坚守便不会牢固，用他进攻则懦弱胆怯，与他盟誓则大多违约，与他谋事则喜好泄密。这样的人面临声色则纵放欲望，身处安逸则恣情任意。所以，虽然他看似繁花亮丽，却没有结出果实的功效；虽然他终年忙碌勤奋，却不会有一日功成名就。这就是君子之所以叹息的原因啊。

在《家诫》中嵇康真诚地表达了以儒家名教教子为人处世的思想。《家诫》不仅把"立志"看作是做人的基本要求，而且还把立志教育放在了教育的首位。所指的"立志"是儒家所反复强调的"士志于道"，即做一位有德君子。在为人处世方面，《家诫》要求子弟要善处浊世，小心谨慎，凡事要讲仁义、礼让、谦恭、廉耻、忠烈。言语"不可不慎"，因为言多语失，祸多由此生。要注意交往中的礼节，必须要学会保全性命的人生智慧，只有明智之士才能明哲保身。《家诫》中的这些思想，大多是针对魏晋之际政治动乱不宁、社会风气污浊，以致祸乱频生、朝不保夕的现象而阐发的。

人不学,不知道

欧阳修(1007—1072年),字永叔,号醉翁,晚号六一居士,谥号文忠,吉州永丰(今属江西)人。北宋时期政治家、文学家、散文家和诗人,唐宋八大家之一,著有《欧阳文忠公文集》。累官知制诰、翰林学士、枢密副使、参知政事。欧阳修是北宋古文运动的领袖。散文说理畅达,抒情委婉,诗风与其散文近似,语言流畅自然,其词深婉清丽。词集有《六一词》《近体乐府》及《醉翁琴趣外编》。

欧阳修在其《家诫》中说:

玉不琢,不成器;人不学,不知道。然玉之为物,有不变之常德,虽不琢以为器,而犹不害为玉也。人之性因物则迁,不学,则舍君子而为小人,可不念哉?付弈。

这段话的意思是说:

玉石不经过雕琢,就不能制作成器物;人不通过学习,就不懂得道理。然而,玉石这种东西,有比较稳固的特性,即使不能为器物,也不失为玉。可是人的本性,会随着外界事物的影响而发生变化,如果不学习,就不能

▲ 欧阳修像

成为君子而会成为小人，这能不令我们时时思虑警惕吗？给二儿子欧阳弈。

欧阳修4岁时，父亲就去世了，家中有一兄一姊，全家四口人的生活重担就落到了他母亲肩上。父亲欧阳观生前曾做过几任地方官，但他为官清廉，死时未给家里留下"一瓦之履，一垅之植"。

母亲只好带孩子们到随州投靠小叔欧阳晔。由于家贫，买不起纸笔，母亲便以芦荻为笔、以地为纸，教儿子写字。她决心让儿子继承丈夫的美德，成为一个德才兼备的人。她对欧阳修说："你父亲是一个清廉正直的官员，又好以财物接济他人，他的俸禄本来就很微薄，因而常无剩余。他总是说，不要使钱财成为我的累赘。所以他去世时，未留下一间屋、一垅田。我靠什么而自守节操呢？就是对你父亲为人的了解与尊重，也希望你能成为这样的人啊。"父亲的美德、母亲的教诲，让欧阳修深受感动，决心继承父志，将来有一番作为。

欧阳修24岁时，开始了仕宦生活，他被特授为将仕郎、试秘书省校书郎、西京留守推官等职。推官主要负责审讯罪犯一类事务。母亲感到此职关系到人的生死，因而多次提醒儿子，要严于职守，不可草率从事。欧阳修到夷陵做官，与繁华的京师比起来，此地闭塞荒凉，但母亲却毫不在意，鼓励欧阳修不要因身处逆境而怠于公务。欧阳修振作精神，处理各种公务，平反冤狱，劝课农桑，努力做到保境安民，还创作了一大批清新刚健的诗文。

读书以明理为要

康熙（1654—1722年），爱新觉罗·玄烨，清朝第四位皇帝，清定都北京后的第二位皇帝。他8岁登基，14岁亲政，在位61年，是中国历史上在位时间最长的皇帝。他是中国统一的多民族国家的捍卫者，奠定了清朝兴盛的根基，开创出康乾盛世的大好局面，奠定了清王朝200多年的统治。

康熙的《庭训格言》原文如下：

训曰：读书以明理为要。理既明则中心有主，而是非邪正自判矣。遇有疑难事，但据理直行，得失俱可无愧。《书》云："学于古训乃有获。"凡圣贤经书，一言一事，俱有至理，读书时便宜留心体会，此可以为我法，此可以为我戒，久久贯通，则事至物来，随感即应，而不待思索矣。

道理之载于典籍者，一定而有限，而天下事千变万化，其端无穷。故世之苦读书者，往往遇事有执泥处，而经历事故多者，又每逐事圆融而无定见，此皆一偏之见。朕则谓当读书时，须要体认世务；而应事时，又当据书理而审其事。

▲ 康熙像

宜如此，方免二者之弊。

　　这两段话的意思是说：读书以明白道理为首要。道理如果明了，那心里就会有决定，因而对错是非自己就都可以判断了。遇到有疑惑不解的事情，只要依据道理来推行，得失都没有惭愧之处。《书》说："从古代训诫中学习才会有所收获。"所有圣贤经典著作，一句话一个事理，都有最精深的道理，读书的时候就应用心体会，这样才可成为我的标准，这样才可成为我的戒慎，时间久了就会融会贯通，那么有事情出现，依据感受就可应对，而不需思考了。

　　在典籍上记载的道理，只有那么多，但天下的事情变化多端，无穷无尽。因此，世上刻苦读书的人往往遇到事情执拘泥，不懂变通，那些经历事情多的人，又往往遇事圆滑而没有确定的见解，这两种人都带有片面性。我认为在读书时，一定要大量经历治世的事务，在应对事情时，就根据书本知识反复研究那个事情。只有这样，才能免于这二者的弊端。

　　康熙帝的教子理念是：严谨治学，修身养生，精通技艺，培养品德，读书明史，敬业养生，体现了一代君王的智慧。康熙身后的儿孙们，多数都能文能武，尤其是在他之后的两个杰出的帝王：雍正皇帝，勤于政事，谋略过人；乾隆皇帝，文治武功兼修。

　　康熙积极地让皇子学习各种技艺与知识，学习的课程包括满文、汉文、蒙文和经史等文化课，还有骑射、游泳等军事、体育课目。康熙还亲自检查皇子们的一切活动，了解他们的学习情况，审阅他们的文章，并要他们当面解释功课。他不希望皇子们过分娇生惯养，恰恰相反，他希望他们能吃苦耐劳，尽早地坚强起来，并习惯于简朴的生活。皇子们身边的人，谁都不敢掩饰他们的哪怕是一个微小的错误。因为他们明白，如果这样做，就要受到严厉的惩罚。胤禛是康熙诸子中难得的文化人，康熙让他负责修辑律吕、算法诸书，在畅春园蒙养斋开馆，《律令渊源》和《古今图书集成》都因此而闻名。

第二节　古代家风仁的教育

■ "仁"心所向，大爱无疆

"仁"是一个会意字，金文中的"仁"由"尸"和"二"组成"层"。"尸"的古义与现在的理解大相径庭，是奉献尊神，是神主牌，是精神的代表。这种精神具有"二"的精神，人的精神要为"二"字服务。"二"也是会意字，古文作一横一竖，是天降地承的意思，还有天地阴阳的意思。现在人们一般对仁的理解是：考虑问题、说话、做事，都要为他人着想。所以，"仁"的反面就是"自私"。

《论语·颜渊》记载称："樊迟问仁。子曰：.爱人.。""仁"的基本含义就是孔子所说的"爱人"，孟子所说的"恻隐之心""不忍之心"，用今天的话来说，就是人对于同类生命基本的同情与关怀。缺少对生命和人性的同情与关怀，就只能叫作"麻木不仁"。"仁"是为人的根本，是人的精神家园，提倡"仁"的道德，就是要以人为本，必须认同人与人在生命价值上是平等的。因此，人与人之间应该以"己所不欲，勿施于人"的态度友好相待，以"己欲立而立人，己欲达而达人"

的态度相互帮助。

《说文解字》中说:"仁,亲也,从人二。"也就是说,"仁"是人与人之间相互亲爱的一种关系。是啊,学过书法的人应该知道,在写篆书时,遇到叠词,则在本字右下写两短横代替后面重复的那个字。所以,仁,实为"人人",不无道理呀!我们用仁爱之心对待别人,别人才可能对我们仁爱;我们对别人不仁爱,还有什么资格去要求别人对我们仁爱?!

在人们的意识中,施仁多为强者对弱者或长者对幼者的行为,如古代帝王以仁治国,长辈对晚辈有仁爱之心……这样的"仁德"之人不胜枚举。

贞观二年(628年),关中一带遭遇干旱,发生了大饥荒。唐太宗对大臣们说:"水旱不调,都是国君的罪过。我德行不好,上天应该责罚我,百姓有什么罪过,要遭受如此的艰难窘迫?听说有人卖儿卖女,我很可怜他们。"于是,派御史大夫杜淹前去巡察,还拿出皇家府库的钱财赎回那些被卖的儿女,送还给他们的父

▲ 白方礼像

母。正是因为唐太宗以仁爱治国，示范官吏，所以才深得民心，这无疑为唐朝的繁荣富强奠定了坚实基础。

近代也有很多"仁义"之人，感动中国的人物白方礼老人就是这样，他节衣缩食把自己蹬三轮车的所得全部都捐给了教育事业。曾经有人计算过，这些年来，白方礼的捐款金额已高达35万元。如果按每蹬1公里三轮车收0.5元钱计算，老人奉献的是相当于绕地球赤道18周的奔波劳累。白方礼从没想过要得到回报，他捐助的款项，也大多是通过学校和单位送到受助学生手中的，老人从没有打听过学生的姓名。有人试图在老人那里找到曾经被资助的学生名单，但只发现一张他与几个孩子的合影——这是唯一的一张照片。当问及老人对受过他资助的孩子有什么要求时，老人的回答很朴实："我要求他们好好学习，好好工作，好好做人，多为国家做贡献。"

在我们身边这样真实的人还有很多，虽然他们也许不是古圣先贤那样完美的"仁德"之人，但却在某一方面或某几方面具备"仁德"品质。我们应该多亲近这样的人，学习他们身上优秀的那一面。"见人善，即思齐"，向有仁德之人学习，我们的德行会一天比一天有所长进，过错会一天比一天减少。而如果不肯亲近仁人君子，那将会患祸无穷。因为不肖的小人就会乘虚而入，接近你、蛊惑你，那么你的言行将会受到他的影响，从而导致你百事有错，人生失败。

■ 民劳则思，思则善心生

敬姜，齐侯之女，姜姓，谥曰敬，是鲁国大夫公父文伯的母亲，与孔子是同时代的人。其事迹散见于《国语》《列女传》《韩诗外传》《礼记·檀弓》。敬姜的诫子家训是载于《国语》上的有名家训，她因这篇《论劳逸》之文而成为有名的贤母。

《论劳逸》原文如下：

公父文伯退朝，朝其母，其母方绩，文伯曰："以歜之家而主犹绩，惧干季孙之怒也。其以歜为不能事主乎？"其母叹曰："鲁其亡乎？使僮子备官而未之闻耶？居，吾语女。"

"昔圣王之处民也，择瘠土而处之，劳其民而用之，故长王天下。夫民劳则思，思则善心生；逸则淫，淫则忘善，忘善则恶心生。沃土之民不材，淫也。瘠土之民，莫不向义，劳也。"

这两段话的意思是说：

公文伯朝见鲁君后回家，看到母亲正在纺线，就对母亲说："像我们这样的家庭，您还要纺线，季孙看了会生气的，以为我不能侍奉您老人家哪！"他母亲听罢，长叹一声

道："鲁国大概快要亡国了吧！竟然让你这样的顽童执掌政务却不教你为官之道。你过来坐下，我告诉你吧。"

"古代圣王为老百姓安置居所，选择贫瘠之地让百姓定居下来，使百姓劳作，发挥他们的才能，因此君主就能够长久地统治天下。老百姓要劳作才会思考，要思考才能找到改善生活的好办法；闲散安逸会导致人们过度享乐，人们过度享乐就会忘记美好的品行；忘记美好的品行就会产生邪念。居住在沃土之地的百姓劳动水平不高，是因为过度享乐啊。居住在贫瘠土地上的百姓，没有不讲道义的，是因为他们勤劳的缘故啊。"

敬姜的《论劳逸》是春秋战国时期家训的代表作。敬姜认为，上自天子、诸侯、三公、九卿，下至黎民百姓，都必须要劳动，或劳心、或劳力，才能政清人和、国泰民安，这是治国安邦的基础和前提。在此敬姜阐发了一个最为朴素的真理：勤勉不怠国则兴，逸乐怠慢国则败。

敬姜絮絮叨叨一番长论，无非是希望自己做高官的儿子忠于职守，在做好本职工作的同时，一定要谨记勤俭节约，不要贪图安逸，因为她老人家认为贪图安逸会触发人们内心的贪欲，贪欲最终会葬送儿子的前程乃至生命，读之如醍醐灌顶，振聋发聩。公父文伯觉得母亲对他既有严厉的批评，又充满了殷切的希望。他向母亲表示：一定记住老人家的教导，努力上进，为国家建功立业。

■ 欲择慈孝，长大能善

曹操（155—220年），字孟德，沛国谯县（今安徽亳州）人，东汉末年杰出的政治家、军事家、文学家。三国中魏国的第一任执政者，以汉天子的名义远征四方，在中原消灭袁绍、袁术、吕布、刘表、韩遂等割据势力，北方降服南匈奴、乌桓、鲜卑等，最终统一北方，实行一系列政策恢复经济与社会秩序。曹操先担任东汉丞相，后为魏王，去世后谥号为武王。其子曹丕称帝后，追尊为武皇帝，庙号太祖。

曹操精通兵法，擅长写诗，抒发自己的政治抱负，还有些反映汉末人民的苦难生活，风格不同，有的气势雄伟，有的激昂悲凉；散文清峻整洁，开启并繁荣了建安文学，为后人留下了极其丰富宝贵的精神财富，史称建安风骨，鲁迅评价其为"改造文章的祖师"。

曹操在其《诸儿令》中写道：

今寿春、汉中、长安，先欲使一儿各往督领之，欲择慈孝不违吾令儿，亦未知用谁也。儿虽小时见爱，而长大能善，必用之。吾非二言也，不但不私臣吏，儿子亦不欲有所私。

这段话的意思是说：

当今寿春、汉中、长安这

▲ 曹操像

三个重镇,先打算各派一个儿子去驻守治理。想选派慈善、孝顺、不违背我命令的,也不知道该用谁好。儿子们虽然小时候都被我疼爱,但长大后德才兼备的我一定会重用他。我说话算数,不但不对我的部下有偏私,就是对儿子们也不想有偏私。

《诸儿令》反映出曹操对儿子们敢于委以重任,在实践中培养、锻炼、选拔的教育思想,选择接班人以任人唯贤为宗旨。曹操培养教育孩子确实有一套,据《魏志·文帝纪》《任城陈萧王传》《武文世王公传》记载,曹操的儿子有25位,文功武略,各有卓越之处。他的次子曹丕、四子曹植都相当有文采,是建安文学的中坚。尤其是曹植,钟嵘《诗品》称其为"建安之杰"。曹植的《吁嗟篇》末尾四句为:"愿为中林草,秋随野火燔。糜灭岂不痛,愿与根荄连。"用不惜"糜灭",愿与根连,反衬转蓬去根之苦,强烈地表达出诗人对于"流转无恒处"的不满,令读者惊心动容。

还有一个故事,孙权曾送来一只漂亮的雉鸡。曹操想观赏雉鸡舞蹈,但想尽办法,这只珍禽就是不鸣不舞,让人奈何不得。年幼的曹冲想出一个办法,让工匠制作一面大铜镜,摆在雉鸡面前。那雉鸡于镜中看到同类,起了争胜之心,当即起舞,这一下对镜成双,煞是好看。

曹操的三子曹彰"武艺壮猛,有将领之气"。公元218年,代郡乌丸叛乱。曹彰率兵北征,身先士卒,冲锋陷阵,不仅大破乌丸,而且让坐山观虎斗的鲜卑人请求降服,北方悉数平定。

■ 当思四海皆兄弟之义

陶渊明（约365—427年），字元亮，又名潜，号五柳先生，世称靖节先生，浔阳柴桑（今江西省九江市）人。东晋末期南朝宋初诗人、文学家、辞赋家、散文家，田园诗派创始人。曾祖父是晋大司马陶侃，至渊明时，家道已衰落。曾做过几年小官，后因厌烦官场辞官回家，从此隐居，田园生活是陶渊明诗的主要题材，相关作品有《饮酒》《归园田居》《桃花源记》《五柳先生传》《归去来兮辞》等。

陶渊明在其《与子俨等疏》中写道：

疾患以来，渐就衰损，亲旧不遗，每以药石见救，自恐大分将有限也。汝辈稚小家贫，每役柴水之劳，何时可免？念之在心，若何可言！然汝等虽不同生，当思四海皆兄弟之义。

鲍叔、管仲，分财无猜；归生、伍举，班荆道旧。遂能以败为成，因丧立功。他人尚尔，况同父之人哉！颍川韩元长，汉末名士，身处卿佐，八十而终。

兄弟同居，至于没齿。济北氾稚春，晋时操行人也，七世同财，家人无怨色。《诗》

▲ 陶渊明像

曰:"高山仰止,景行行止。"虽不能尔,至心尚之。汝其慎哉!吾复何言。

这几段话的意思是说:

自患疾病以来,身体逐渐衰老,亲人故交不抛弃,每次用药物救我,自己恐怕寿命将要到了。你们从小家境贫寒,每次被驱使做砍柴挑水的劳动,什么时候可以免除啊?这也是我常常记挂在心里的,还有什么可说的!你们虽然不是同一个母亲所生的,但应当想到四海之内都是兄弟的情义。

鲍叔、管仲共同做买卖,分钱的时候管仲总要多占一点,但是鲍叔不觉得他贪财,因为知道他家里穷。归生、伍举都是春秋时楚国人,二人的交情很好,后来伍举因罪逃到了晋国做官,归生与他相遇,铺荆而坐,共叙旧情。就是因为在鲍叔的帮助下,管仲才变失败为成功,在归生的帮助下,伍举于失败(因罪出逃)后回国立了功。他人尚且如此,何况你们是同父亲的人啊!颍川的韩元长,汉朝末的名士,身份为卿佐,享年八十岁。

兄弟一起居住,直到终身。济北的氾稚春,晋国时的操行人,七世用共同的财产,家人没有怨怒的脸色。《诗经》中说:"对于古人的崇高道德则敬仰,对于他们的高尚行为则遵行、学习。"即使不能那样,也应诚心诚意地崇尚他们的美德。你们可要谨慎做人啊!我没什么再说的了。

陶渊明一生贫穷,年轻时曾经外出做官,生活条件得到了一点改善,他便马上给孩子们雇了一个童子,并写信给孩子们说:"这个人可以帮助你们,但他也是好人家的孩子,你们要好好对待他。"陶渊明从小好学,读书时常欣然忘食。但他的五个孩子都资质平平,不喜欢读书,陶渊明也不强迫他们,说:"天运苟如此,且进杯中物。"

■ 独以俭素为美

司马光(1019—1086年),字君实,号迂叟,陕州夏县(今山西夏县)涑水乡人,世称涑水先生,北宋政治家、史学家、文学家。历仕仁宗、英宗、神宗、哲宗四朝,卒赠太师、温国公,谥文正,为人温良谦恭、刚正不阿;做事用功刻苦、勤奋。以"日力不足,继之以夜"自诩,其人格堪称儒学教化下的典范,历来都受人景仰。宋仁宗时中进士,英宗时进龙图阁直学士。宋神宗时,反对王安石施行变法。王安石变法以后,司马光离开朝廷15年,主持编纂了中国历史上第一部编年体通史《资治通鉴》。其生平著作甚多,主要有史学巨著《资治通鉴》《温

▲ 司马光像

国文正司马公文集》《稽古录》《涑水记闻》《潜虚》等。

《训俭示康》是北宋史学家司马光所写的散文作品,为司马光写给其子司马康,教导他应该崇尚节俭的一篇家训。

司马光在《训俭示康》中说:

吾本寒家,世以清白相承。吾性不喜华靡,自为乳儿,长者加以金银华美之服,辄羞赧弃去之。二十忝科名,闻喜宴独不戴花。同年曰:"君赐不可违也。"乃簪一花。平生衣取蔽寒,食取充腹;亦不敢服垢弊以矫俗干名,但顺吾性而已。

众人皆以奢靡为荣,吾心独以俭素为美。人皆嗤吾固陋,吾不以为病。应之曰:"孔子称'与其不逊也宁固';又曰'以约失之者鲜矣';又曰'士志于道,而耻恶衣恶食者,未足与议也。'古人以俭为美德,今人乃以俭相诟病。嘻,异哉!"

这两段话的意思是说:

我本来出生于贫寒的家庭,世世代代都凭借清白的家风相继承。我生性不喜欢豪华奢侈,从儿时起,长辈若把饰有金银的华美的衣服加在我身上,我总是会害羞地扔掉它。20岁那年忝列于进士的科名之中,参加闻喜宴时,只有我不戴花,同年中举的人说:"花是君王赐戴的,不能违反而不戴。"我这才在帽檐上插上一枝花。我一向衣服只求抵御寒冷,食物只求填饱肚子,也不敢故意穿肮脏破烂的衣服以违背世俗常情,表示与常人不同求得好名声,只是顺着我的本性行事罢了。

许多人都把奢侈浪费看作光荣，我心里独自把节俭朴素看作美德。别人都讥笑我固执、不大方，我则不把这作为缺陷，回答他们说："孔子说：'与其不谦虚，宁愿固陋。'，又说：'因为俭约而犯过失的，那是很少的。'又说：'有志于探求真理但却以吃得不好、穿得不好、生活不如别人为羞耻的读书人，这种人是不值得跟他谈论的。'古人把节俭作为美德，现在的人却因节俭而相讥议，认为是缺陷，嘻，真奇怪呀！"

司马光十分注意孩子的教育，要他们力戒奢侈、谨身节用。自己生活上节俭纯朴，"平生衣取蔽寒，食取充腹"，但却"不敢服垢弊以矫俗干名"。他常常教育儿子说，食丰而生奢，阔盛而生侈。他强烈反对当时社会上败坏的风俗，例如，做事讲排场、摆阔气，当差走卒穿的衣服和士人差不多，下地的农夫脚上也穿着丝鞋。

司马光极力提倡节俭朴实，流传至今最有名的话就是："由俭入奢易，由奢入俭难。"这句话的意思是说，由节俭的生活变成奢侈容易，要由奢侈的生活节俭下来就很难了。在司马光的教育下，其子司马康从小就懂得俭朴的重要性，并以俭朴自律。他历任校书郎、著作郎兼任侍讲，也以博古通今、为人廉洁和生活简朴而称誉于后世。

■ 日日知非，日日改过

袁黄（生卒年未详），初名表，字坤仪，号了凡，嘉善魏塘镇人。青少年时聪颖敏悟，卓有异才，曾受教于云谷禅师，对天文、术数、水利、

▲ 袁黄像

军政、医药等无不研究，补诸生。明嘉靖四十四年（1565年），知县辟书院，令高材生从袁受经学。万历五年（1577年）会试，初拟取第一，因策论违逆主试官而落第。后更名黄。其著述有：《祈嗣真诠》《皇都水利考》《评注八代文宗》《春秋义例》《论语笺疏》《袁氏易传》《史记定本》《袁氏政书》《两行斋集》《宝坻劝农书》《袁了凡家训》《袁了凡纲鉴》《群书备考》《石经大学解》《历法新书》《中庸疏意》等。

袁黄在《了凡四训》中说：

汝之命，未知若何？即命当荣显，常作落寞想；即时当顺利，当作拂逆想；即眼前足食，常作贫窭想；即人相爱敬，常作恐惧想；即家世望重，常作卑下想；即学问颇优，常作浅陋想。

远思扬祖宗之德，近思盖父母之愆；上思报国之恩，下思造家之福；

外思济人之急，内思闲己之邪。务要日日知非，日日改过；一日不知非，即一日安于自是；一日无过可改，即一日无步可进；天下聪明俊秀不少，所以德不加修、业不加广者，只为因循二字，耽搁一生。

这两段话的意思是说：

你的命，不知究竟怎样？就算命中应荣华发达，还要常常当作不得意想；就算碰到顺当吉利时，还要常常当作不如意想；就算眼前有吃有穿，还要当作清贫想；就算旁人喜欢并敬重你，还是要常常当作恐惧想；就算你家世代人人都看重，还是要常常当作低微想；就算你学问高深，还是要常常当作粗浅想。

应该想把祖先的美德传扬开，要想把父母的过失遮盖起来；向上应该想报答国家的恩泽，对下应该想造一家之福；对外应该想救济别人的急难，对内应该想预防自己的邪念。一个人必须每天都知道自己有过失，每天想着把过失改正过来。如果每天都无过可改，那就是每天都没有进步；如果每天都不知道自己的过错，那就是每天安于现状，自以为是；天底下聪明俊秀的人实在不少，那些道德上不用功修为的人，事业不用功推进，就只因守旧不变，才耽搁了他们的一生。

《了凡四训》是袁了凡的传世名作，由"立命之学""改过之法""积善之方""谦德之效"四篇文章组成。在《了凡四训》里，袁了凡以其毕生的学问与修养，融迪儒道佛三家思想，用自己的亲身经历，结合当时大量真实生动的事例，告诫世人不要被"命"字束缚住手脚，要自强不息，积德为善，改造命运，用自己的行动来把握自己的未来。

这些处世做人的规范训诫，是积极有益的，对后人有着极为巨大的警示作用。《了凡四训》还从四个方面说明了什么是道德及其价值：第一，否定宿命论，肯定人的价值，注重人格的尊严；第二，强调知廉耻、有过就改，以及为民族、为国家的整体主义理念；第三，推崇仁爱原则；第四，以重视修养实践、崇尚理想人格作为根本追求。

第三节　古代家风礼的教育

■ 说"礼"

什么是"礼"呢？春秋时代的子大叔也带着同样的问题跑去问赵简子，希望学习揖让周旋的礼仪。但是赵简子却对子大叔说："对长辈、父母或者长者作揖，面对君子、老师或者朋友的应对行为，都是'礼'的含义，这都只是仪式罢了。"他接着说，礼是"天之经"，"地之义"，也就是说礼是效法天地的运行而作的，是天地运作法则的体现。然后又说礼是"民之行"，意思是说礼也是人民行动所效仿的准则。最后他总结道，礼是君臣上下、夫妇内外、父子兄弟、甥舅之间的应对原则，做到了礼所要求的事，才能处理好家庭、工作、社会等关系。

因此，我们现在学习"礼"，不只

▲ 朱子像

是要学习礼的具体仪式，而更重要的是需学习礼背后的精神与含义。这样我们才会懂得怎样去应对不同的场合，学会在家庭社会立足，避免犯错，然后受到周围人的尊敬与表扬。这便是我们学习礼的目的之所在。

　　古代的每一种礼都有着自身的含义。例如古代的冠礼。"冠"在当今社会可以理解为帽子的意思，但古代的"冠"比我们现在的帽子要庄严、意味深远得多，每一冠帽都有相应的衣服搭配，象征着不同的事物。冠礼是我们古代的成人礼，一个人一生有三次加冠，而且三次加冠的意义皆有不同，各有各的含义。首次加冠，体现的是由小孩到成人的转变，这意味着年龄的增长，家人、社会的要求开始发生转变。因此衣服也就发生了变化，由普通的衣服转化为成年人的服装——朱子深衣，并加绶幅巾表示成人。可是单纯年龄的增长并不意味着具有了成人的资格，假若思想、知识还停留在童蒙阶段，则只能是一名大小孩，而非真正的大人。而思想与知识的改变则要靠读书学习，因此第二次的易服加冠表现的是由普通人向士人的转变，衣服则由朱子深衣转为襕衫。襕衫是我国明代士人的一般性着装，体现的是文人的气质与地位。而更换此衣并非意味着地位的上升，而是表示对知识的热爱、对读书人的尊敬，以此发愿，继往圣之绝学，开万世之太平。读书之人，虽有知识，但不能死守其书，使其学问成为一纸空谈，百无一用。因此，我们需要有一颗兼济天下的心。修身、齐家、治国、平天下，从古到今一直都是对儒士的基本要求，正如孔子所云：学而优则仕，仕而优则学。仕与学并不是彼此独立的两件事，而是关系紧密、互为表里。

因此，第三次加冠表现的是由士人向百姓父母官的转变，要求的是仕人当心系百姓，以其德性教化人民，做好人民的榜样。

从"冠礼"的例子可以看出，礼中的每一个动作、每一次转变都有着深刻含义。作为学生的我们，应该努力学习优秀古代文化的集合——礼，挖掘其背后的思想与意义，从而培养自己的君子情操，进而成为一个优雅的中国人。

■ 德行广大而守以恭

姬旦（约前1100年），史称周公，是西周初年杰出的政治家，他是周文王的儿子、周武王的弟弟、周成王的叔父和老师。他帮助武王伐纣灭商，是西周的开国重臣。周武王死后，其子成王年幼，由周公摄政。周公在摄政期间，以其卓越的政治才能与超凡的意志，使西周的政治、思想、文化和教育有了很大发展，受到世人的赞誉。周公在身体力行、勤勉从政的同时，谆谆教诲侄子成王、儿子伯禽必须要养成勤政爱民、谦恭自律、礼待贤才的作风。周公有《戒子伯禽》和《戒侄成王》两部家训传世，这两部家训合称

▲ 姬旦像

为《姬旦家训》，是中国第一本成文家训，首开中国古代家训之先河。

《诫子伯禽》一文称道：

君子不施其亲，不使大臣怨乎不以。故旧无大故则不弃也，无求备于一人。君子力如牛，不与牛争力；走如马，不与马争走；智如士，不与士争智。

德行广大而守以恭者，荣；土地博裕而守以俭者，安；禄位尊盛而守以卑者，贵；人众兵强而守以畏者，胜；聪明睿智而守以愚者，益；博闻多记而守以浅者，广。去矣，其毋以鲁国骄士矣！

这两段话的意思是说：

有德行的人不怠慢他的亲戚，不被大臣抱怨没有信用。老臣故人没有发生严重过失，就不要抛弃他，不要对某一个人求全责备。有德行的人即便力大如牛，也不会与牛比较力的大小；即便跑得和马一样快，也不会与马比较跑速的快慢；即便智慧和高士为一个水准，也不会与高士一争高下。

德行广大的人以谦恭的态度自处，便会得到荣耀。土地广阔富饶，以节俭的方式生活，便会永远平安；官高位尊而以谦卑的方式自律，让你更显尊贵；兵强人多而用畏怯的心理坚守，你就必然会胜利；聪明睿智而用愚钝的态度处世，你将获益良多；见多识广、学问渊博而以肤浅自谦，你将学识更广。上任去吧，不要因为鲁国的条件优越而骄傲！

伯禽朝见成王和周公，三次遭到责打，不明就里。母亲建议他去请教商子。商子弄清楚他的来意后,让其去南山寻找乔树及梓树。伯禽和康叔不解其意,于是就照商子的话去南山寻找。他们下车步行,沿着崎岖的小路,攀过几处险峻的峰峦,远远看到一株株伟岸挺拔的参天大树,像威风凛凛的武士一样矗立在那里,这就是乔树。

▲ 班昭像

两个人仰视着,不由得发出衷心的赞叹。他们又找到低矮弯曲俯首向下的梓树,它与乔树形成了鲜明的对照。商子说:"乔树好比是父亲,梓树好比是儿子,父亲是高大的,所以儿子应该尊崇父亲,对父亲时刻讲究礼仪,不忘父亲的恩德。"伯禽没有辜负父亲的期望,没过几年就把鲁国治理成了民风淳朴、务本重农、崇教敬学的礼仪之邦。

■ 敬顺之道,妇人之大礼

班昭(约45—117年),一名姬,字惠班。扶风安陵(今陕西咸阳东北)人。东汉史学家,史学家班彪女、班固与班超之妹,博学高才,嫁同郡曹寿,早寡。兄班固著《汉书》八表及《天文志》,遗稿散乱,未写成就去世了。班昭继承其遗志,独立完成了第七表《百官公卿表》

与第六志《天文志》，《汉书》遂成。帝数召入宫，令皇后贵人师事之，号曹大家（"家"通"姑"）。善赋颂，作《东征赋》《女诫》。

《女诫》正文由七部分组成，即《卑弱》《夫妇》《敬顺》《妇行》《专心》《曲从》与《和叔妹》七篇。该书论述了女子在"夫家"需要处理好的三大关系，即对丈夫的敬顺、对舅姑的曲从和对叔妹的和顺。

《女诫》中说：

阴阳殊性，男女异行。阳以刚为德，阴以柔为用，男以强为贵，女以弱为美。故鄙谚有云："生男如狼，犹恐其尪；生女如鼠，犹恐其虎。"然则修身莫若敬，避强莫若顺。故曰敬顺之道，妇人之大礼也。夫敬非它，持久之谓也；夫顺非它，宽裕之谓也。

持久者，知止足也；宽裕者，尚恭下也。夫妇之好，终身不离。房室周旋，遂生媟黩。媟黩既生，语言过矣。语言既过，纵恣必作。纵恣既作，则侮夫之心生矣，此由于不知止足者也。夫事有曲直，言有是非。直者不能不争，曲者不能不讼。讼争既施，则有忿怒之事矣，此由于不尚恭下者也。侮夫不节，谴呵从之；忿怒不止，楚挞从之。夫为夫妇者，义以和亲，恩以好合。楚挞既行，何义之有？谴呵既宣，何恩之有？恩义俱废，夫妇离行。

这两段话的意思是说：

阴和阳的特性各是不同的，男女的行为也应有别。阳性以刚强为品格，阴性以柔弱为表征，男人以强健为高贵，女人以柔弱为美丽。所以，谚语说："生儿子像狼一样，还怕他软弱不刚；生女儿像老鼠一样，还怕她像老虎一样凶猛。"然而，女人的修行没有比恭敬更重要的了，避免过于刚强没有比柔顺更重要的了。所以说，恭敬柔顺是做女人的最大礼义。恭敬不需要其他什么，就是要能持之以恒；柔顺不需要其他什么，就是要宽恕裕如。

长久保持恭敬的人，知道适可而止；宽恕裕如的人，善于恭敬居下。夫妻间过于亲密，终生不分离。在室内周旋，这样时间越长，就容易产生轻慢亵狎。轻亵的事一经发生，话语就会超过一定分寸。话语过分了，放纵恣肆便会产生。放纵恣肆发生了，侮辱丈夫的想法就会滋生，这是因为不知道适可而止的缘故啊！事情有曲有直，言语有是有非，直的一方不可能不争论，曲的一方不可能不辩驳，争论辩驳一经产生，就会有愤怒的情绪，这是因为不知道恭顺地处于低下地位的缘故啊！侮辱丈夫不加节制，便会紧接着有谴责呵斥随后；愤怒的情绪不停止，就会紧接着有鞭打杖击随后。作为夫妻，本应以礼义相互亲善和睦，以恩爱相互亲密合作。鞭打杖击，哪里有什么礼义存在？谴责呵斥宣之于口，哪里还有恩爱存在？礼义恩爱都没有了，夫妻也就只能分离了。

班昭主张："男子以刚强为贵，女子以柔弱为美，无论是非曲直，女子应当无条件地顺从丈夫。"一刚一柔，才能并济，也才能永保夫妇之义。这段话在今天虽已不适用，但教育子女保持"夫妇之义"的思想则是积极的。

■ 礼义勿疏狂，逊让敦睦邻

范仲淹（989—1052年），字希文，北宋著名的政治家、思想家、军事家、文学家、教育家，世人称"范文正公"。仁宗时，担任右司谏。景祐五年（1038年），在西夏李元昊的叛乱中，与韩琦共同担任陕西经略安抚招讨副使，采取"屯田久守"的方针，协助夏竦平定叛乱。庆历三年（1043年），与富弼、韩琦等人参与"庆历新政"，提出了"明黜陟、抑侥幸、精贡举"等十项改革建议，后因为遭反对而被贬为地方官，辗转于杭州、青州，晚年在杭州设立义庄，皇祐四年（1052年）病逝于徐州。著有《范文正公文集》。

在《范文正公家训》中，范仲淹谆谆告诫道：

孝道当竭力，忠勇表丹诚；兄弟互相助，慈悲无过境。勤读圣贤书，尊师如重亲；礼义勿疏狂，逊让敦睦邻。

敬长与怀幼，怜恤孤寡贫；谦恭尚廉洁，绝戒骄傲情。字纸莫乱废，须报五谷恩；作事循天理，博爱惜生灵。处世行八德，修身率祖神；儿孙坚心守，成家种义根。

▲ 范仲淹像

这两段话的意思是说：

应该竭尽全力善待父母，用忠诚勇敢的行为表示赤诚之心；兄弟之间互相帮助，慈悲没有界限。多读读圣人贤明的书籍，尊敬老师像亲上加亲的关系；礼让仁义不要不受约束，谦逊忍让促成与邻人的和睦相处。

尊敬长辈及关怀幼小，怜惜体恤孤寡老幼贫困之人；谦虚恭敬崇尚清廉洁身自好，完全戒除骄傲自满的情绪。写字的纸张不要随意丢弃，一定要感恩于自然的养育；做事情遵循自然的法则，广泛地怜爱一切生命。为人处世遵循孝、悌、忠、信、礼、义、廉、耻，修养自身以祖先为表率；子孙后代坚定不移地守住本心，成家立业后也要把礼义世代相传。

范仲淹自己虽生活节俭，却乐于慷慨地帮助他人。他曾用自己的俸禄购置义田千亩，赡养族中的穷人。在苏州做官时，他于南园购地一块，准备盖房，有个风水先生说那块地是风水宝地，能够出公卿。范仲淹听后说："与其我一家高贵，还不如让天下的青年都受教育，这样的富贵才是无穷的呀！"于是，他把那块地捐给了政府，在那里兴办郡学，广泛教育青年。这种高尚的品格深深影响到了晚辈。

有一次，他儿子范纯仁奉父亲之命去苏州搬运五百斛麦子。当船停泊在丹阳码头时，范纯仁遇到了熟人石曼卿。当得知石无钱安葬他的亲人时，范纯仁就把麦子全部送给了他，让他变卖以后作为丧葬费用。范纯仁回家后告诉父亲，父亲很赞同他的做法。范纯仁在父亲的教育下，成为了一个德才兼备的人，后来虽官至右相，但他的生活仍保持着俭朴的作风。他所得的俸禄与赏赐，大部分都用来扩大义田和义庄。范仲淹的一家三代都保持了先忧后乐、勤奋俭约的美德，赢得了人们的广泛称赞。

■ 恕己之心恕人

范纯仁（1027—1101年），字尧夫，谥忠宣，吴县（今江苏苏州）人，范仲淹次子。北宋大臣，人称"布衣宰相"。宋仁宗皇祐元年进士，曾师从胡瑗、孙复学习。父亲死后才出仕知襄城县，累官侍御史、同知谏院，出知河中府，徙成都路转运使。宋哲宗立，拜官给事中，元祐元年同知枢密院事，后拜相。宋哲宗亲政，累贬永州安置。范纯仁于宋徽宗立后，官复观文殿大学士，后以目疾乞归。著有《范忠宣公集》。

范纯仁在《戒子弟》中说：

我平生所学，唯得忠恕二字，一生用不尽，以至立朝事君，接待僚友，亲睦宗族，未尝须臾离此也。

人虽至愚，责人则明；虽有聪明，恕己则昏。尔曹但常以责人之心责己，恕己之心恕人。不患不到圣贤地位也。

这两段话的意思是说：

我一生学习，所得到的只有忠、恕二字，这两个字一生也用不完，以至于在朝做官侍奉君王，接待同事及朋友，与亲戚宗族的人和睦相处，从来没有一刻离开过这两个字。

一个人即使再笨，他在指责别人时总是很聪明；一个人即使再聪明，宽恕自己时也总是显得很糊涂。你们应当用指责别人的心情来指责自己，用宽恕自己的心情来宽恕别人。这样，就不怕不具有圣贤的地位。

范纯仁曾上书皇帝，要求赦免吕大防等人，言辞十分恳切，以致触怒了大臣章惇，被贬为永州知州。当范纯仁上书时，有人说，万一触怒皇帝被贬，您这么大年纪了，多不合适！范纯仁说："我家世代受皇帝的恩惠，现在事情到了这个地步，没有一个人出来讲话。如果皇帝改变主意，那样关系很大。如果不同意，我获罪而死，也无遗憾。"于是，命令家人打点行装，以待受贬。

每次他的儿子们埋怨章惇时，他都要斥责阻止他们。沿着江路赶赴永州，他们乘坐的船翻了，家人扶着范纯仁，全身都湿透了，范纯仁对他的儿子们说："这也是章惇做的吗？"

范纯仁被流放永州，教儿孙们读书，亲自监督，常常要到夜半时分。其在永州三年，怡然自得。有的人对他不敬，一般人是不能忍受的。而范纯仁却不为此烦恼，也从不在事后怀恨。每次与宾客交谈，只谈论圣贤如何修身养性，或谈论学医药书，其他的事从不去说。这样，气色与外表更安康宁静，像在京城的时候一样。

■ 退一步者，常进百步

吕本中（1084—1145年），字居仁，世称东莱先生，寿州人，宋朝诗人、词人、道学家。诗属江西派，著有《春秋集解》《紫微诗话》《东莱先生诗集》等。他的诗数量较大，约1270首。吕氏早年过着诗酒风流的生活，效法陈师道黄庭坚，诗风轻松流美，"清芙可爱"。20岁左右戏作《江西诗社宗派图》，使"江西派"定名，后人多视其为"江西派"，后期推崇李白苏轼。南渡后，时有悲慨时事之作，诗风也更为浑厚。词作虽仅27首，但亦有佳评。王灼谓其词"佳处"亦"如其诗"；《啸翁词评》谓其词"工稳清润"。其词多为小令，偏重于个人情感的抒发，主要写离愁别恨，风花雪月，村色野景，南渡流寓江左后亦有思乡怀国之作，词风新奇清丽，具有自己独特的风格。

▲ 吕本中像

吕本中在其著作《童蒙训》中说：当官以忍为先，忍字一字，众妙之门，当官处事，尤是先务。若能清勤之外，更行一忍，何事不办？

当官不能自忍，必败。当官处事，

不与人争利者，常得利多；退一步者，常进百步。取之廉者，得之常过其初；约于今者，必有重报于后。不可不思也。唯不能少自忍者，必败，实未知利害之分、贤愚之别也。

当官者先以暴怒为戒，事有不可，当详处之，必无不中。若先暴怒，只能自害，岂能害人？前辈尝言，凡事只怕待，待者详处之谓也。盖详处之，则思虑自出，人不能中伤。

这几段话的意思是说：

当官应以忍为先。一个"忍"字是一切好处的关键之所在，当官处理事情，尤其要重视"忍"。如果在保持廉洁勤劳之外又能忍让，有什么事情办不成呢？

当官不能自我忍耐，一定会失败。当官的人处理事情，不与别人争夺利益，得到的利益常会更多；能够首先退一步的，往往能够进百步。不求多得，所得利益，往往会超过当初所想要的；现在克制，将来必然会有所回报。不能不认真考虑啊！只有那些不能自我忍耐的人，才一定会失败，这实际上是不知道利害的不同及聪明、愚笨的区别呀！

当官的人，首先应当戒除暴怒。在事情不能办的时候，应当慎重周详地处理，没有处理不好的。如果首先就发怒，那只能害了自己，怎么会害到别人呢？前辈曾经说过：处理任何事时，只怕一个"待"字。待，就是指的周详慎重。如果周详慎重，就会想出办法，别人也就不能中伤你了。

吕本中编撰《童蒙训》，是以他的曾祖父吕公著、祖父吕希哲、父亲吕好问为主线，凡涉及能颂扬其祖辈长处的有关人物的点滴事件及言论都加以汇集。

可以说，吕本中编写《童蒙训》的宗旨是为了光宗耀祖，使祖宗的德业能够流芳千古，并以此勉励自己的后人。这正是封建社会讲究的孝道的核心。书中颂扬的是儒家提倡的正统思想，正如《四库全书总目提要》所说："所记多正论格言，大抵皆根本经训。"当然，其中也不乏闪光的真理成分，仍是我们应该借鉴的。

第四节　古代家风信的教育

■ 信——立人之本

墨子说："言不信者，行不果。"那么，何为"信"呢？许慎在《说文解字》中云："诚，信也。""信，诚也。""人言为信"，程颐认为，"以实之谓信。"其基本含义都是诚实无欺，信守诺言，言行相符，表里如一，这是做人的基本要求。

"诚"与"信"作为伦理规范和道德标准，起初是分开使用的。孟子说："诚者，天之道也，诚之者，人之道也。"《中庸》中也说："诚者天之道，诚之者人之道。"信的基本含义是指遵守承诺，言行一致，真实可信。最先将"诚"与"信"连在一起使用的是在《逸周书》中——"成年不尝，信诚匡助，以辅殖财。""父子之间观其孝慈，兄弟之间观其友和，君臣之间观其忠惠，乡党之间观其信诚。"这里的"信诚"实际上表达的是"诚信"的意思。就是说，从一般意义上讲，诚信是指诚实不欺，讲求信用，强调人与人之间应该真诚相待。

诚信是中华民族优秀品格的标志，也是"立人之道"和"立政之本"

▲ 墨子像

的基本准则。早在2000多年前，孔子就把"信"摆到了关系到国家兴亡的位置上，将诚信作为治国之宝。有一次，孔子的弟子子贡向孔子请教治国之道，孔子讲了"足食""足兵""民信"三条。子贡问如果这三者中能做到两个，您先去掉哪一个。孔子说"去兵"。又问再去可去一个什么？孔子说"去食"。自古皆有死，民无信而不立。的确如此，诚信是团结一致的保证，是治国之宝。没饭吃大不了一死，但若不能取信于民，国家却会灭亡。

在山西平遥，每间票号的旧址至今仍悬挂着"以诚取信、以信取利"的字幅。数百年来，晋商一直都恪守着精诚为本的信条行商天下。在山西的很多地方，都流传着很多关于明清晋商诚信为本的故事。相传山西的茶商之所以能够在对俄国贸易中立于不败之地，就是因为诚信。起初山西茶商从武夷山贩茶，一路运送到俄国，货物运到后，先不忙着销售，而是对货物进行谨慎的检查，保证在不燥、不潮、不霉的情况下才会开盘出售。当发生太平天国运动使他们无法去武夷山购茶时，他们便改由湖北购茶，并通过新的加工工艺，使新茶在色、味方面都与武夷山茶基本一致，当俄商坚信新茶是武夷山茶时，山西茶商并没有趁机以武夷山茶的名义贩卖新茶，而是如实告知俄罗斯商人茶叶的实际产地和及加工情况，使俄罗斯商人深为晋商的诚信所折服，并建立起了长期的合作关系。诚信成为晋商走遍全国乃至走向世界的通行证。

2014年4月28日清晨，发生在湖北省咸宁市实验小学升旗仪式上的一幕惊呆了众人——当着全校4000多名师生的面，副校长洪耀明俯下身去，结结实实地吻了一头小猪。据了解，在3月的升旗仪式上，洪校长跟学生打赌，称只要大家不在校门前的路上乱丢垃圾，使这条路的卫生状况得到改观，他就当众亲吻一头小猪。打赌后，这条路的卫生状况果然大为好转，洪校长也兑现了自己的承诺。事后，洪耀明说，亲吻小猪"压力实在太大"，而孩子们也在乐不可支之后由衷赞叹洪校长"真是个讲信用的人"，网友们也纷纷称赞洪耀明，称他是"中国好校长"，认为这是一堂生动的诚信教育课。和猪当众亲吻，肯定是不怎么雅观的事，但正因如此，洪校长的行为才给人以足够的视觉与心灵撞击。从表面上看，这体现的是校长本人的个性、勇气——不怕丢面子、勇于兑现承诺；而从更深层面上，则体现了校长坚守承诺的诚信品质。"言必信，行必果"，洪校长用自己的亲身作为为师生们上了一堂生动的德育课，在见证那一刻的全体学生心中播下了诚信的种子。

抗日将领冯玉祥曾说过："对人以诚信，人不欺我；对事以诚信，事无不成。"

诚信是一种现代社会无法或缺的个人无形资产。诚信的约束不仅来自于外界，更来自我们的自律心态与自身的道德力量。而这种力量

来自于我们日常的修炼。（曾桂莉　小学校长，小学高级教师）

■ 谦约节俭，廉公有威

马援（前14—49年），字文渊，扶风茂陵（今陕西兴平东北）人，东汉著名的军事家。因功累官伏波将军，封新息侯。马援的祖先是战国时的赵国名将赵奢。赵奢曾在阏与之战中大败秦军，功勋卓著，被赵惠文王赐号为"马服君"，自此，赵奢的后人便以马为姓。马援的曾祖父马通，在汉武帝时因功被封为重合侯，但因为他的兄长马何罗谋反，马通受到牵累而被杀，所以马援的祖父、父亲这两代家境已式微，地位不显。马援有三个哥哥，他们是马况、马余、马员，都很有才能。王莽时，又都做到了二千石的高官。三国时蜀国五虎大将之一的马超据说也是其后人。

马援在《诫兄子严敦书》中说：

先龙伯高敦厚周慎，口无择言，谦约节俭，廉公有威。吾爱之重之，愿汝曹效之。杜季良豪侠好义，忧人之忧，乐人之乐，清浊无所失。父丧致客，数郡毕至。

吾爱之重之，不愿汝曹效也。效伯高不得，犹为谨敕之士，所谓刻鹄不成，尚类鹜者也。效季良不得，陷为天下轻薄子，所谓画虎不成，反类狗者也。讫今季良尚未可知，郡将下车辄切齿，州郡以为言，吾常为寒心，是以不愿子孙效也。

这两段话的意思是说：

龙伯高这个人敦厚诚实，说出的话没有什么可以指责的，谦虚节俭，待人又不失威严。我爱护他，敬重他，希望你们向他学习。杜季良这个人豪侠好义，有正义感，把别人的忧愁作为自己的忧愁，把别人的快乐作为自己的快乐。无论是高尚的还是卑下的人都愿意结交。他的父亲去世时，好几个郡县的人都来了。

我爱护他，敬重他，但不希望你们向他学习。因为学习龙伯高不成功，还可以成为谨慎谦虚的人，正所谓："刻鹄不成，尚类鹜。"而一旦学习杜季良不成功，那你们就成了纨绔子弟，正所谓："画虎不成，反类犬"。到如今杜季良还不知晓，郡将到任就表示痛恨，百姓把这作为了话柄。我常常为他寒心，这就是我不希望子孙向他学习的原因了。

小传

马援为人通兵法，有计谋，善言谈，而又小心谨慎。他的二哥马余在王莽统治时任扬州刺史，不幸早死，留下了两个儿子——大儿子马严，小儿子马敦，母亲也早逝。马援很重视两个侄子的教育。从春秋战国时已出现一股社会势力，叫"游侠之士"，他们中有一部分人交朋结友，轻财重义，以排难解忧、扶危济困相号召，但也有些人是统治阶级的爪牙，多行不义之事。

马严本来就喜欢骑马击剑，就开始与游侠来往，受他们影响，兄弟二人喜欢议论他人的长短，发表一些对现实不满的言论。马援就写信给他们，训诫一番。马严、马敦接到叔叔的来信后，决心痛改前非。他们认真学习儒家经典，与贤明正直的人交游。马援死后，马严兄弟二人回到安陵（今陕西咸阳东北）的钜下居住。由于二人德行高尚，京城的人称他们为"钜下二卿"。马严后来官至将作大匠，马敦则官至虎贲中郎将。

■ 有犯赃滥者，不得放归本家

包拯（999—1062年），字希仁，号文正，谥孝肃，庙号兼济，庐州府合肥（今肥东县）包村人。北宋一位"少有孝行，著于乡里；晚有直节，闻于朝廷"的政治家。他19岁中进士，曾先后任天长、端州、扬州、庐州、池州、开封等地知县、知府，出使过契丹，还在刑部、兵部任过职，在财政部门做过副使、转运使、三司使，在监察部门做过御使、谏议大夫，最后做到枢密副使，成为朝廷的宰辅。至和三年（1056年），以龙图阁直学士权知开封府，因

▲ 包拯像

不畏权贵、不徇私情、清正廉洁，当时流传有"关节不到，有阎罗包老"的赞誉。死后被追赠为礼部尚书，谥孝肃。他当过的大章阁待制和龙图阁直学士使他有了"包待制""包龙图"的雅称。老百姓更喜欢直呼其为"包公"。

包拯十分重视后代的教育，并且很懂得"己身正不令而行"的道理，对于子孙的要求，他是身体力行的。包拯19岁中进士，此后步入仕途，曾历职州县及转运使等地方官，后又到中央任御史中丞、三司使、枢密副使并兼知开封府等，但其衣服、器用、饮食都和未做官时一样，一直都保持着俭约朴素的作风。

包孝肃公家训云："后世子孙仕宦，有犯赃滥者，不得放归本家；亡殁之后，不得葬于大茔之中。不从吾志，非吾子孙。"共三十七字，其下押十四字又云："仰珙刊石，竖于堂屋东壁，以诏后世。"珙者，孝肃之子也。

这段话的意思是说——

包拯在家训中说道："在后代子孙做官的人中，如有犯了贪污财物罪而被撤职的人，都不允许放回老家；死了以后，也不允许葬在祖坟上。不顺从我的志愿的，就不是我的子孙后代。"原文共有37个字。在家训后面签字时包拯又写了14个字："希望包珙刻在石块上，把刻石竖立在堂屋东面的墙壁旁，用来告诫后代子孙。"包珙，就是包拯的儿子。

他曾任端州（广东高要）知州。那里曾出产名满天下的"端砚"，当时是一种向朝廷进奉的贡品。以前的知州总是借征收贡品之机,加征进贡额的几十倍,用于贿赂上司和朝中权贵,以求升迁。而包拯到任后,命令士匠只做够进贡的数量就不再做了,当他离任时,连一方端砚也没有带走。这种清廉的作风给家人及子女带来了很好的影响。

包拯对贪官的弹劾,不怕得罪权贵,不怕触怒皇帝,其中最有名的是他三次弹劾皇亲张尧佐,七次弹劾贪官王逵。包拯的这些主张和行为,不仅对于澄清当时腐败的吏治起到了一定作用,也为他的子孙后代做出了榜样。

■ 廉洁奉公,养浩然气

岳飞(1103—1142年),字鹏举,宋相州汤阴县(今河南安阳汤阴县)人,南宋著名的军事家、战略家、著名抗金英雄。他在北宋末年投军,从1128年遇宗泽起到1141年为止的十余年间,率领岳家军同金军进行了大小数百次战斗,所向披靡,"位至将相"。1140年,完颜兀术毁盟攻宋,岳飞挥师北伐,先后收复郑州、洛阳等地,又于郾城、颍昌大败金军,

▲ 岳飞像

进军朱仙镇。而宋高宗、秦桧却一意求和，以十二道金牌下令退兵，岳飞在孤立无援之下被迫班师。在宋金议和的过程中，岳飞遭到秦桧、张俊等人的诬陷，被捕入狱。1142年，岳飞以"莫须有"的"谋反"罪名，与长子岳云和部将张宪同被杀害。宋孝宗时，岳飞的冤案被平反，追谥武穆，后又追谥忠武，封鄂王。岳飞的不朽词作《满江红·怒发冲冠》，是千古传诵的爱国名篇，另有《岳忠武王文集》传世。

岳飞在教育自己的儿子时，特别严格要求。在其《家训》中，岳飞写道：

廉洁奉公，养浩然气；严以律子，厚以待人；令出如山，赏罚分明；不纵女色，事母至孝；武艺绝伦，勇冠三军；身先士卒，行若明镜。

这段话的意思是说：

廉洁不贪，忠诚履行公职，一心为公，培养正大刚直的气势；对子女要求严格，待别人则很宽厚；命令一经公布，必须坚决执行，像山一样不可动摇，该赏的赏，该罚的罚；不放纵自己，贪恋美色，侍奉父母极尽孝道；武艺高强，没有人可以相比，勇敢是全军第一；作战时将领亲自带头，冲在士兵前面，行为像明镜那样透明。

岳飞经常告诫儿子的是：受罪重于士卒，作战先于士卒，受功后于士卒。岳飞的长子岳云12岁时即跟着岳飞参军作战，一次岳云骑马下坡未注意地形，人马都栽进了沟里。岳飞喝令按军法鞭打岳云，众将为其求情，岳飞不允，还是将岳云责打了一百鞭子。收复襄汉之役，岳云论战功数第一，但岳飞却不予上报，过了一年才按朝廷规定任命其为武翼郎。平杨幺，岳云又立大功，岳飞仍不上报。都督张俊听说后道："飞廉则廉矣，然也太不公平矣！"于是，张俊替岳飞向朝廷报奏岳云之功绩，岳飞却还是极力替岳云推辞。

有一次朝廷下特旨，将岳云连提三级，岳飞说："士卒们冒着矢石，斩将陷阵，立奇功，才提一级，我的儿子岳云没有什么功劳，受这样高的升迁，不同士卒平等待遇，将何以服众？况且这也不足以向大众表明.大公至正.之道。"所以多次辞请不受。朝廷褒奖了岳飞的这种精神，接受了他的辞请。

正是因为岳飞的严于律己，以身作则，所以，岳家军才有强大的战斗力，岳飞的后人也多有杰出之士。

■ 训之以宽厚恭谨

陆游（1125—1210年），字务观，号放翁，越州山阴（今浙江绍兴）人，南宋著名诗人、词人。少时受家庭爱国的思想熏陶，高宗时应礼部试，为秦桧所黜。孝宗时赐进士出身。中年入蜀，投身于军旅生活，官至宝章阁待制。其一生笔耕不辍，今存9000多首，内容极为丰富。与王安石、苏轼、黄庭坚并称为"宋代四大诗人"，又与杨万里、范成大、尤袤合称"中兴四大诗人"。著有《剑南诗稿》《渭

▲ 陆游像

南文集》《南唐书》《老学庵笔记》等。

陆游在其《家训》中写道：

后生才锐者，最易坏。若有之，父兄当以为忧，不可以为喜也。切须常加简束，令熟读经学，训之以宽厚恭谨，勿令与浮薄者游处。如此十许年，志趣自成。不然，其可虑之事，盖非一端。吾此言，后生之药石也，各须谨之，毋贻后悔。

这段话的意思是说：

才思敏捷的孩子，最容易学坏。倘若有这样的情况，做长辈的应当把它看作是忧虑的事，而不能把它看作是可喜的事。一定要经常加以约束与管教，让他们熟读儒家经典，训导他们做人必须宽容、厚道、恭敬、谨慎，不要让他们与轻浮浅薄之人来往。就这样十多年后，他们的志向与情趣会自然养成。不这样的话，那些可以担忧的事情就不会只有一个。我这些话，是年轻人治病的良药，都应该谨慎对待它，不要留下遗憾与愧疚。

陆游还写了不少教育子女的诗，这些诗不仅饱含着对子女的殷切期望，也体现了诗人深邃的教育思想，被世人津津乐道的是《冬夜读书示子聿》诗："古人学问无遗力，少壮工夫老始成。纸上得来终觉浅，绝知此事要躬行。"这是一首哲理诗，写于宁宗庆元五年（1199年）。

整首诗读起来朗朗上口，且意境深远，余味无穷。子聿是陆游的儿子，陆游在冬日寒冷的夜晚沉醉于书房，乐此不疲地读诗书。窗外，北风呼啸冷气逼人，诗人却浑然忘我置之脑后，在静寂的夜里，他抑制不住心头奔腾汹涌的情感，毅然挥就了8首《冬夜读书示子聿》的诗，满怀深情地送给了儿子，这是其中的第三首。

■ 言忠信，行笃敬

袁采（？—1195年），浙江衢州人，南宋隆兴元年（1163年）进士，后官至监登闻鼓院，掌管军民上书鸣冤等事宜，即负责受理民间人士的上诉、举告、请愿、自荐、议论军国大事等方面给朝廷的进状。袁采自小便受儒家之道影响，才德俱佳，时人赞称"德足而行成，学博而文富"。步入仕途以后，袁采以儒家之道理政，以廉明刚直著称于世，而且很重视教化一方。在任温州乐清县县令时，他感慨当年子思在百姓中宣传中庸之道的做法，于是撰写《袁氏世范》一书用来践行伦理教育，美化风俗习惯。著有《政和杂志》《县令小录》和《世范》三书，今只有《世范》传世。

《袁氏世范》是从实用和近人情的角度来看待立身处世的原则的，而不是像一些老学究那样，把"四书五经"、孔孟之道那一套伦理强加在人们头上。

《袁氏世范》共三卷，分睦亲、

处己、治家三门。卷一睦亲，主要讲家庭和睦相处的道理及方法；卷二处己，论述个人修养、为人处世之道，对人生当中遇到的富贵贫贱、成败得失等都做了具有哲理性的阐述；卷三治家，是持家兴业的一些道理，亦颇精彩。

《袁氏世范·处己》中说：

言忠信，行笃敬，乃圣人教人取重于乡曲之术。盖财物交加，不损人而益己，患难之际，不妨人而利己，所谓忠也。不所许诺。纤毫必偿，有所期约，时刻不易，所谓信也。处事近厚，处心诚实，所谓笃也。

礼貌卑下，言辞谦恭，所谓敬也。若能行此，非惟取重于乡曲，则亦无入而不自得。然敬之一事，于己无损，世人颇能行之，而矫饰假伪，其中心则轻薄，是能敬而不能笃者，君子指为谀佞，乡人久亦不归重也。

这两段话的意思是说：

言论讲究忠信，行动奉行笃敬，这种原则是圣人教人们如何获得乡里人们敬重的方法。不外乎在财物方面，不干损人利己的事；在患难时刻，不干妨碍别人而方便自己的事。这就是人们所说的"忠"。一旦许诺于人，就是一丝一毫的小事，也一定要有结果；一旦定期有约，就是一时一刻也不耽误，这就是人们所说的"信"。待人接物热情厚道，内心诚实敦厚，这就是人们所说的"笃"。

礼貌谦卑，言辞谦逊，这就是人们所说的"敬"。如果能够"言忠信，行笃敬"，不仅能得到乡亲的敬重，就是干任何事都能顺利。然而，恭敬待人一事，因为对自己毫无损失，世人还能做到。可是如果不能表里如一，表面上待人很好，心中却轻视鄙薄，这就成了能"敬"而不能"笃"了，君子就会把他称为谄佞小人，乡亲们久而久之也不会再敬重他。

第五节　古代家风孝的教育

■ 百善孝为先

孝是中华民族的传统美德。在中国，孝的观念源远流长，在甲骨文中就已经出现了这个字。这个表意字从字形上看，似乎可以见到"子"双手举起，并向下动作，做出磕头的样子，给老人请安，达到孝敬的目的。《说文解字》中对孝的解读是："善事父母者，从老，从子，子承老也。"

孔子的弟子有若也说过："孝悌也者，其为仁之本与！"孝是仁的开始，是道德实践的第一步。说起来，"孝"也是"仁"的一种体现，一个人如果没有仁爱之心是做不到"孝"的。

在中国的古书中，有"香九龄，能温席"的记载。讲的是我国古代"黄香温席"的故事。

黄香小时候，家中的生活很艰苦。在他9岁时，母亲就去世了。黄香非常悲伤。他本就非常孝敬父母，在母亲生病期间，小黄香一直都不离左右，守护在妈妈的病床前。母亲去世后，他对父亲更加关心、照顾，希望尽量让父亲少操心。冬夜里，天气特别寒冷。他想，这么冷的天气，爸爸一定会很冷，他老人家白天干了一天的活儿，晚上还不能好好地睡觉。想到这里，小黄香心里就很不安。为让父亲少挨冷受冻，他读完书便悄悄走进父亲的房里，给他铺好被子，然后脱了衣服，钻进父亲的被窝里，在用自己的体温温暖了冰冷的被窝之后，才招呼父亲睡下。黄香用自己的孝敬之心，暖了父亲的心。人们说，能孝敬父母的人也一定懂得爱百姓、爱自己的国家。黄香后来做了地方官，果然不负众望，为当地老百姓做了不少好事，他孝敬父母的故事也千古流传。

现在，社会上的子女对父母尽孝的例子为数不少。割皮救父的湖北小伙刘培、刘洋兄弟，献肾救母的山东孝子田世国等，这些人都在以自身的实践传递着"孝"的正能量。目前，不少学校也开展了"为父母洗脚""为父母做饭"的实践活动，让学生在活动中体会父母工作的艰辛，从而学会感恩，学会孝敬父母。但当今社会也出现了不和谐的一幕——"孝道"正在出现衰落的趋势。往轻里说，不孝的表现有年轻人中兴起的"啃老族"，有空巢老人现象的越来越严重，有越来越多遭到子女遗弃的老人。往重里说，有的人为达到一己之私、逞一时之能，打架斗殴、马路飙车；有的人因为感情或学习问题，轻而易举地用跳楼来放弃自己的生命；有的人在父母满足不了自己的需求时，弑父弑母；还有那些"我爸是李刚"之流，借父母的权势在外耀武扬威，随意践踏法律，这些都是对父母的极大不孝，不光给父母带来了不可愈合的创伤，也危害了整个社会的安宁。

羊有跪乳之恩，鸦有反哺之孝。作为子女，我们应该学会去感恩，学会去孝敬老人，学会用自己的实际行动去传承中华民族的传统美德。百善孝为先。愿天下儿女，年少的多理解一下父母，不要再以正在叛逆期为借口；而年长的儿女应常回去看看父母，不要再用工作太繁忙当借口了。尊敬老人，赡养老人，让他们过更好的生活，在物质精神上都尽可能地加以满足。

■ 扬名于后世，以显父母

司马谈（？—前110年），西汉夏阳今陕西韩城人。父司马喜，在汉初为五大夫。《史记·太史公自序》载："（司马）无泽生（司马）喜，喜为五大夫。"儿子司马迁受他的影响最深，司马谈在汉武帝时任太史令。司马谈的学问有三个方面，其一向唐都学观测日月星辰的天文之学；其二向杨学《易》，《易》是讲阴阳吉凶的，这与天文

▲ 司马谈

星象都有关系；其三是向黄子学习黄老之术，曾和辕固在景帝面前辩论汤伐桀、武王伐纣这两件事的性质。而他所要论述历史的理想与计划，便留给了儿子司马迁去实现。

司马谈是司马迁之父，他在临终之时洒泪嘱子，告诫儿子司马迁一定要完成续写《史记》的历史重任。

在《遗训》中，司马谈写道：

余死，汝必为太史；为太史，无忘吾所欲论著矣。且夫孝始于事亲，中于事君，终于立身。扬名于后世，以显父母，此孝之大者。

夫天下称诵周公，言期能论歌文、武之德，宣周、邵之风，达太王、王季之思虑，爰及公刘，以尊后稷也。幽、厉之后，王道缺，礼乐衰，孔子修旧起废，论《诗》《书》，作《春秋》，则学都至今则之。自获麟以来四百有余岁，而诸侯相兼，史记放绝。今汉兴，海内一统，明主、贤君、忠臣、死义之士，余为太史而论载，废天下之史文，余甚惧焉，汝其念哉！

这两段话的意思是说：

我死后，你一定要成为太史；作为太史的任务，不要忘记我想论议著述这件事。孝顺起始于侍奉双亲，再进一步是侍奉君王，最终是立足安身。在后代传播名声，来彰显父母，这才是真正的孝道。

天天称赞歌诵周公，说他能写文论述歌颂文王、武王的德行，传播周公、邵公的风范，表达太王、王季的思虑，于是到公刘，就尊崇后稷了。周幽王、周厉王以后，做帝王的规范缺失，礼乐削弱，孔子修诗书，兴礼乐，论述《诗》《书》，著写《春秋》，这些学术一直沿用至今，都以这些为准则。从鲁哀公以来的400多年，诸侯互相吞并，历史记录散失断绝。如今汉朝兴起，海内统一，明主贤君忠臣死义之士，我作为太史都未能予以论评载录，断绝了天下的修史传统，对此我甚感惶恐，你可要记在心上啊！

《遗训》在教子治学上取得的成就是一座不朽的历史丰碑。后来，司马迁在《报任少卿书》中详尽地叙述了自己蒙冤受屈惨遭酷刑的经过，同时也衷心倾吐了忍辱苟活著述《史记》的内在动力。

正是由于父亲家训的强大鞭策与激励，正是因为父辈对历史、对现实、对未来高度负责的敬业精神的感召，才使司马迁虽蒙受世间最大的耻辱与不幸，却能置个人荣辱、生死于度外，出色地完成了续写《史记》的宏图伟业，为中华民族、也为全人类留下了一份最为珍贵的精神财富。

■ 扬名显亲，孝之至也

王祥（185—265年），字休征，琅琊临沂（今山东临沂）人。三国西晋时大臣，书圣王羲之的曾祖父。祖父王仁，曾为青州刺史；父亲王融，拒绝官府征召。东汉末天下大乱，王祥丧父后，带着继母与弟弟到庐江（今安徽）避难，隐居30年。在曹魏，先后任县令、大司农、司空、太尉等职，封睢陵侯。入晋，拜太保，进封睢陵公。泰始四年（268年）去世，享年八十五岁，谥号元。其人事后母极孝，以"卧冰求鲤"

闻名。今故里孝友村有"王祥卧冰处"。

王祥心地善良。他幼年时便失去了母亲,后来继母朱氏对他并不慈爱,时常在他父亲面前说三道四,搬弄是非。他父亲对他也逐渐冷淡。王祥的继母喜欢吃鲤鱼。有一年冬天,天气很冷,冰冻三尺,王祥为了能够得到鲤鱼,赤身卧在冰上。他浑身冻得通红,仍在冰上祷告以求得鲤鱼。正在他祷告之时,他右边的冰突然开裂。王祥喜出望外,正准备跳入河中捉鱼时,忽从冰缝中跳出两条活蹦乱跳的鲤鱼。王祥高兴极了,就把两条鲤鱼带回家奉给继母。他的举动,在十里乡村被传为佳话,人们都称赞王祥是少有的孝子。

王祥在其《训子孙遗令》中说:

夫生之有死,自然之理。吾年八十有五,启手何恨。不有遗言,使尔无述。

高柴泣血三年,夫子谓之愚,闵子除丧出见,援琴切切而哀,仲尼谓之孝。故哭泣之哀,日月降杀,饮食之宜,自有制度。

夫言行可覆,信之至也;推美引恶,德之至也;扬名显亲,孝之至也;兄弟怡怡,宗族欣欣,悌之至也;临财莫过乎让。此五者立身之本。

这几段话的意思是说:

有生就有死,这是自然法则,不受外界影响。我今年八十五岁了,善终还有什么遗憾的呢。没有什么遗言,让你无可称道。

高柴极其悲痛地哭泣三年,孔子说他愚蠢;闵损在除丧的仪式上出现,哀怨、忧伤地弹琴,十分真挚,孔子说他孝顺。所以,哭泣的悲痛、丧祭随时间的推移而减少停止，而饮食合理的行为则自然有它自身的规范。

说话做事经得起考核查对，这就是诚信的最高境界；把美好的名声让给别人，自己甘愿背上恶名，这是德行的最高境界；通过自己成名来使父母感到荣耀，这是孝敬的最高境界；兄弟之间心情愉快，家族之间和睦相处，这是友爱的最高境界；面对财富能够时时谦让。这五个方面，是立身处世的根本。

■ 欲求子孝，必先慈

颜延之（384—456年），字延年，南朝宋文学家，祖籍琅琊临沂（今山东临沂）。曾祖父颜含，右光禄大夫。祖父颜约，零陵太守。父颜显，护军司马。少年时孤独贫困，居住在简陋的房子中，却酷爱读书，无所不览，文章之美，冠绝当时，与谢灵运并称为"颜谢"。他非常嗜酒，不拘小节，年

▲ 颜延之像

近三十还未婚娶。

颜延之的儿子颜竣位高权大，什么都要高规格的供养，而颜延之却不要任何待遇，穿的是布衣，住的是茅屋，冷清清地过日子。有一次，他乘着笨拙的牛车去儿子颜竣那里，见到儿子的随从，都从旁边绕道而行。颜延之说："我一生最不喜欢见当官的人，今天却不幸见到你！"

颜竣造房子，颜延之严肃地说："妥善处理各种事情，不要让别人嘲笑你笨拙。"颜延之一次早上去见颜竣，看到满屋宾客，而儿子却还未起床，颜延之便很生气地说："你从卑微生出来，如今高官厚禄，立刻就如此骄傲，怎么可能长久？"后来颜竣就被宋王朝的皇上所杀。

颜延之在《御览》一文中写道：

欲求子孝，必先慈；将责弟悌，务为友。虽孝不待慈而慈固植孝，悌非期友而友能立悌。夫和之不备或应以不和，犹信不足焉必有不信。倘知恩意相生，情理相出，可使家有参、柴，人皆由、损。

古人耻以身为溪壑者，屏欲之谓也。欲者，性之烦浊，气之蒿蒸，故其为害，则熏心智，耗真情，伤人和，犯天性。虽生必有之，而生之德，犹火含烟而烟妨火，桂怀蠹而蠹残桂。然则火胜则烟灭。

这两段话的意思是说：

想要儿子孝顺，父母就必须慈爱；想要弟弟恭敬，哥哥就必须友善。尽管孝顺不一定非得以慈爱为前提，而慈爱却确实能够培植孝心；恭敬不一定非得以友善为前提，而友善却确实能够树立恭敬之心。自己不和善，别人自然会以不和善来回应，就好比自己缺乏诚信，别人也会以不讲信义来回应一样。假如明白了恩惠与情义相辅相成、情感和义理相互依存的道理，就可以使家家都出现像曾参、高柴这样的大孝子，人人都成为像子路、闵损这样的大贤人。

古人以身上有难以满足的欲望为耻辱，说的是抑制欲望。欲望，让人性情急躁浑浊，气焰蒸腾上升，因而这极其有害，熏染人的心性智能，损耗真实的情感，损伤人心和乐，违反人的本性。虽然，人生来就有欲望，然而天生的品行就好像火势含着烟，烟气妨碍火势一样，桂树招来虫子蛀蚀，蛀虫让桂树残败。那么，火势上升烟就熄灭了。

■ 敬于父母则孝顺

陈确（1604—1677年），字乾初，浙江海宁人。明末清初进步思想家。对程朱理学进行了有力的批判，其思想主要是："道无尽，知也无尽。"在知行关系上重视行；在人性上，认为后天的学习与教育更重要；批判理学的"存天理、灭人欲"观点。年少以孝友著称，长大后以文学驰名，并精书法，善琴、箫。明亡后，老师刘宗周绝食死，陈确隐居乡里20年，足不出户，潜心著述。著有《大学辨》《葬书》《瞽言》及诗文集等。其著述很少刊行，一部分借《南雷文集》才得以保存下来。

陈确在《书示仲儿》中写道：

▲ 陈确像

端庄静慎者，望而知为学人；慢易轻诞者，望而知为草野市井人。汝举止言动，多不循礼，吾甚忧之。况年渐长大，今又成婚，可不诫哉！今更名汝曰翼，字曰敬之。

敬于兄弟则友爱，敬于朋友则丽益，敬于僮婢则从令，敬于一切世俗则无辱，敬于言则不妄，敬于事则有成，敬于讲诵则有得，敬于作书临文则法日进。记曰："无不敬，尽之也。"

能敬之人，时时见得自己不是；不敬之人，时时见得自己是。故《中庸》言君子，能戒惧而已也；其言小人，无忌惮已也。汝欲为小人也？吾无所复责于汝。将为君子耶？可不于吾言加之意哉！其朝夕省之，毋忽！

这几段话的意思是说：

庄重、大方、娴雅、小心的人，一看就知道是学者；冷淡、轻慢、随便、虚妄的人，一看就知道是粗俗鄙陋的生意人一类。你的举止言行，大多不遵循礼法，我很担忧你这样。况且你已逐渐长大，现又结了婚，不能不告诫啊！现在把你的名字改成翼，字为敬之。

对兄弟尊敬就友爱，对朋友尊敬就更加紧密，童仆奴婢尊敬主人就是服从命令，对一切风俗习惯敬畏就不受侮辱，对言辞敬畏就不会虚妄，对事情怀敬畏之心就会有所成就，对讲授诵读有所敬畏就会有所得，对写作抄录有所敬畏就能使技法进步得快。记住："什么都要尊敬，就达到最大限度了。"

能尊敬别人的人，每时每刻看见的是自己的过失；不尊敬别人的人，每时每刻看到的是自己的正确。因此，《中庸》中说有德行的人，能够对自己时时警惕和敬畏，说道德低下的人没有顾忌害怕。你想成为道德低下的人吗？我就没什么再责备你的了。你将成为有德行的人吗？那就要记得我的言外之意了。一定要早晚自省，不要疏忽！

在这篇家训中，陈确与儿子讲的是有关人生修养中的"敬"的问题。他指出，做人，不仅对上要敬父母师长，且对下要敬兄弟朋友，在言行上也应持慎重态度，以敬畏之心去做一切事，将敬的意识渗透到人生的各个层面，只有这样才能成为彬彬君子。

知识链接

王阳明96字家训

这篇《王阳明家训》又称《示宪儿》三字诗，收录在了《王阳明全集·赣州诗》中。全文虽然只有96字，却浓缩了为人处世的大智慧。

"幼儿曹，听教诲：勤读书，要孝悌；学谦恭，循礼仪；节饮食，戒游戏；毋说谎，毋贪利；毋任情，毋斗气；毋责人，但自治。能下人，是有志；　能容人，是大器。凡做人，在心地；心地好，是良士；心地恶，是凶类。譬树果，心是蒂；蒂若坏，果必坠。吾教汝，全在是。汝谛听，勿轻弃。"

1. 勤读书，要孝悌

王阳明在私塾读书的时候，就对自己的老师说："我以为第一等事应是读书做圣贤。"

在一般人眼中，读书是人获取知识的最关键途径。但在王阳明看来，我们心中有良知，良知无所不能，无所不知。所以，读书不是为了获取知识，只是验证、呼唤我们良知所已有的知识。由此可知，王阳明让人勤读书，与其他"要你勤读书"的古人有着很大的不同。

有人曾问王阳明："读书却记不住，如何是好？"

王阳明的回答是："只要理解了就行，为什么非要记住？其实，理解已是次要的了，重要的是使自己心的本体光明。如果只是求记住，就不能理解；如果只是求理解，就不能使自心的本体光明了。"

而孝悌，《论语》中称"其为人之本与"。王阳明一上来就说了人生的两件大事，即孝悌与读书。孝悌是人之根本，而读书则是发明本心，修身而成为圣贤的途径。

2. 谦恭，循礼仪

谦恭不是一种姿态，而是一个人内在品德与修养的高度表现。它不因学问博雅而骄傲自大，也不因地位显赫而处优独尊，相反，谦恭者的学问愈深愈能虚心谨慎，地位愈高愈能以礼待人。

谦恭和礼仪，是相辅相成的。我们内在的谦恭，化作了外在的礼仪。假如只有外在的谦恭而没有内在的谦恭，这就是虚伪。

现代人的毛病，大多只因一个傲字。

▲ 王阳明像

千罪百恶，都从傲上来。"傲"的反义词为"谦"。"谦"字便是对症治"傲"的药。做人不但容貌举止要表现出谦虚恭谨，内心也必须保持恭敬、节制、礼让，要常常看到自己的不对，真正能够虚心接受他人的意见。

3. 节饮食，戒游戏

《论语》中说，君子食无求饱，居无求安，敏于事而慎于言。《黄帝内经》上也说"饮食有节"，这是古人对于饮食的态度。

至于戒游戏，则主要是立志。游戏一类令人玩物丧志。王阳明曾说："夫志，气之帅也，人之命也，木之根也，水之源也。"如果一个人沉迷于游戏嬉乐，日子长了，志气就都消磨尽了，最终也难成事业。

4. 毋说谎，毋贪利

说谎则不诚实，就是自欺欺人。《大学》中说："所谓诚其意者，毋自欺也。"一个自欺欺人的人是无法真正做到慎独、无法正心诚意修身的。

而贪图小利，则容易昏了头脑，被人利用。战国时期，秦惠文王想吞并物产丰富的蜀国，有人献计造能下金粪的石牛送给蜀侯。蜀侯中计，下令民工开山填谷，铺筑道路迎接石牛，秦惠文王让大军跟在运送石牛的队伍后灭了蜀国。人们嘲笑蜀侯是贪小利而失大利。

崇祯十四年，王阳明六世孙王贻杰进京入朝，后统管江西都指挥使司，其去世后人们才发现竟然囊无积蓄，最后靠官场挚友的资助才得以回乡归葬。一个朝廷的二品官阶，清廉至此，着实让人肃然起敬。

5. 毋任情，毋斗气

任情恣性，放任自己的性情，不受任何拘束。《增广贤文》中说，学如逆水行舟，不进则退；心似平原走马，易放难追。这正是告诉我们任情恣性的危害。

斗气，意气用事。赌气，意为对别人有意见或闹情绪。只要一赌起气来，人类常会慢慢脱离"理性动物"的范围，做出一些损人不利己的事情来。

历史上有个很有趣的"赌气"逸事：明代有个才子解缙，小时候住在一个做官人家曹尚书的对面。曹尚书家中有个漂亮的竹园。解缙年纪小小，很爱吟诗作对，每天看着茂密的竹林，十分畅快，写了一副对联：

门对千竿竹，家藏万卷书。

很多人看了，称赞他是个天才，而曹尚书知道了却很不高兴，心想，竹林明明是我家的，怎么可以借给他当题材呢？于是，故意教仆人把竹林砍短，愈想愈不开心，又全部砍去，给这神童难看。没想到，解缙又在对联上加了四个字，变成：

门对千竿竹短无，家藏万卷书长有。

曹尚书无端毁了自家竹林，又让解缙证明了他的才华，全然是损人不利己，可见人在气头上，什么不理性的事都做得出来。赌气，可能只是因为小小的事情，却因为一时气不过而做出你死我活的决定来。

6.毋责人，但自治

东汉时期，有个清官叫杨震。他在荆州做官的时候发现了才华横溢的王密，就推举他做了昌邑县令。当杨赴震东莱出任太守途经昌邑时，王密为答谢杨震以前对自己的举荐之恩，趁夜深人静怀揣10锭黄金到驿馆拜见杨震。杨震对王密此举很是生气，断然拒绝。王密四下瞅了瞅说："夜黑人静，是不会有人知道的。"杨震义正辞严地说："天知，地知，你知，我知，你怎么说没有人知呢？"说完他便生气地将黄金掷于地上。好一句：天知，地知，你知，我知。虽然你不说我不说就没人知道了，但心知道了整个世界就知道了啊。

杨震说话的重点并非在责备王密上，而是在其自治方面。"自治"心知道了，整个世界就都知道了。如果我们自律自治能够达到这种境界，还会担心自己德行有亏吗?

7. 能下人,是有志;能容人,是大器

那些盛气凌人,看不起别人的人,都是没有修养的目光短浅者。一个有修养的君子,不会因为别人的地位低,或没有才干而看不起别人;其次,他们看不起别人,无非是因为别人不如他,但是未必别人以后也不如他,所以说,这是目光短浅。

▲ 宋真宗像

一个有志向的君子,他知道自己的志向在高处、远处,即便处在比别人优胜的环境中,也会谦卑自牧,清静自守,绝不会盛气凌人。

能容人,是大气。海纳百川,有容乃大。王旦是宋代的宰相。一天,宋真宗向王旦"告密"说:"卿虽称其美,彼专谈卿恶。"意思是说,你虽然总说寇准好,寇准却专门说你坏。王旦听后,也不生气,笑着说:"按道理应当这样啊。我任宰相时间久,处理的政事多,缺失也必然多。寇准对您从不隐瞒,可见他忠诚直率,这也是我最敬重他的地方。"

一次,中书省的文件送到枢密院,因为文件不合格式,寇准阅后便报告了宋真宗,王旦因此受责。不出一个月,枢密院的文件送到中书省,也有不合格式的地方,秘书觉得正好以牙还牙,高兴地把它呈给了王旦,王旦却让秘书把文件送还枢密院,让寇准修改后再送来,寇准想起了自己的做法,不禁汗颜。

8. 凡做人,在心地;心地好,是良士;心地恶,是凶类。譬树果,心是蒂;蒂若坏,果必坠。

王阳明用的比喻非常贴切。他说,心就像果子的蒂一样,而人的行

为就像果子一样，如果蒂不好，果子会受到影响；如果蒂坏了，果子也会尚未成熟就坠落，甚至烂掉。

"致良知"是王阳明心学的核心。良知就是"好心地"。王阳明认为，良知人人都具有，个个自足，是一种不假外力的内在力量。致良知就是将良知推广扩充到事事物物中。致本身即是兼知兼行的过程，因而也就是自觉之知与推致知行合一的过程，"致良知"也就是知行合一。"良知"是"知是知非"的"知"，"致"是在事上磨炼，见诸客观实际。"致良知"即是在实际行动中实现良知，知行合一。

第三章
古代家风教育的基本内容

　　家风家训是指对子孙立身处世、持家治业的教诲。家风家训，是中国传统文化的重要组成部分，也是家谱中的重要组成部分，它在中国历史上对个人的修身、齐家发挥着重要作用。道德包括社会公德、职业道德、家庭美德等，家风家训属于家庭美德的范畴。

第一节　伦理道德的教诲

■ 义方廉洁

古人对品德教育非常重视，常将此放在家教的首位，教子以忠信，教子以义方，做人方方正正，不能为奸邪不义之事。春秋时期，卫庄公溺爱少子州吁，州吁骄奢狂傲，又喜欢舞刀弄枪，庄公并不约束，一味放纵。大夫石碏劝谏道："臣闻爱子，教之以义方，弗纳于邪。骄奢淫逸，所自邪也。"这里，石碏提出了教子的原则问题：父母究竟该怎样做才算爱子？是一味依顺子女的欲望，还是约束培养其成为有道义之人？但卫庄公听不进石碏的劝谏，庄公死后，终于有了州吁杀掉其兄卫桓公自立为君的家庭惨祸。

田稷子是齐国的丞相，位高职显，逢迎走托的人自然有不少。一次，一个下属偷偷送给了他百镒黄金的贿赂，他虽为丞相，可家中却并不宽裕，便高兴地收下，将黄金拿回家去孝敬了老母。而田稷子的母亲却高兴不起来，反而感到不安，便追问黄金的来路。说你任丞相三年了，拿回家的薪俸从来都没有这么多，如今哪儿弄来这么多的黄金，你是不是做了有愧于一个正人君子德行的事？田稷子不敢隐瞒，只得承认是下属送的。田母听了以后，语重心长地告诫儿子做人为官应有的品德，并且指出：只有廉洁公正，做事才能顺利，同时自己也可避免灾祸。而你现在的做法正好与此相反，是做大臣不忠，做儿子不孝。这些不义之财，我是不能受用的；这样不孝的儿子，我也是不能要的。田稷子听了母亲的训责后，羞愧满面，决心改正错误。他把贿金全部退回，又亲自到齐王那里请求给自己处罚。齐宣王知道了事情的全部经过后，对田稷子的母亲大为赞赏，并决定赦免田稷子的受贿罪。田稷子在母亲的教诲下，成为了一名很不错的大臣（刘向：《古列女传》）。

宋朝的包拯铁面无私，为官清廉，为后世所称颂。他不但执法严峻，而且治家也严谨，对贪赃子孙痛恨尤甚。包拯制定的家法是：

后世子孙仕宦，有犯赃滥者，不得归本家；亡殁之后，不得葬于大茔中。不从吾志，非吾子孙（吴曾：《能改斋漫录》）。

贪赃子孙，生不得还家，死不得葬入族墓。由此可见这位包青天疾恶如仇、廉洁奉法的凛凛正气，而且在家与在朝都是一样，没有对内与对外的两套标准。

■ 志存高远

古人有"抓周测志"的习俗。在儿女周岁时，陈列出各种物品，听任孩子抓拿，以此预测其将来的志向及爱好。抓周也称"试儿"。《颜氏家训·风操篇》中说："江南风俗，儿生一期，为制新衣，盥浴装饰。

男则用弓矢纸笔，女则刀尺针缕，并加饮食之物及珍宝服玩，置之儿前，观其发意所取，以验贪廉愚智，名之为试儿。"一期，是指一周年。试儿的时候，亲表还要来相聚饮宴祝贺，是小儿出生后一个隆重的仪礼。儿生周年也称"晬"，试儿也称"试晬"。宋朝孟元老的《东京梦华录·育子》讲社会上小儿试晬俗礼：生儿"至来岁生日，谓之．周晬．．罗列盘盏于地，盛果木、饮食、官诰、笔研、算秤等经卷针线应用之物，观其所先拈者，以为征兆，谓之．试晬．，此小儿之盛礼也"。抓周试儿有时也不一定非要在周岁。《南齐书·王慈传》中就记载：王慈八岁时，外祖父刘义恭摆放各种宝物听由外孙抓取，结果王慈只取素琴和石砚二物，刘义恭对外孙的抓周非常满意，希望他将来会有志于学，有高雅的志趣与情操。"抓周测志"的做法虽未必科学，却反映出父母对于子女教育的重视，希望他们能够立志于稚幼之时。清代嘉道年间做过两广总督的阮元在儿子阮福出生后，谢绝了僚属送礼，在小红笺上写诗说："翡翠珊瑚列满盘，不教尔手一相拈。男儿立志初生日，乳饱饴甘便要廉。"（徐珂：《清稗类钞·教育类》）他为了自小培养儿子廉洁高远的志向，甚至连宝物都不让儿子去碰，生怕他染上庸鄙好财的俗气。

一般说来，孩子在儿童时期主要是培养他们高雅的兴趣，及至其成人之后，立志教育便非常重要了。《颜氏家训·勉学》篇就认为：孩子"及至冠婚，体性稍定，因此天机，倍须训诱。有志尚者，遂能磨砺，以就素业（指学业）；无履立者，自兹堕慢，便为凡人"。

三国时期魏国的钟会很有才华，但其心大志迂，不踏实做事。钟会之母曾劝诫儿子说："君子之行，皆积小以致高大，若以小善为无益而弗为，此乃小人之事耳。"有针对性地教导儿子要从小善做起，别成为一个小人。但钟会并没有记住母亲的教诲，后因小愤而构陷嵇康致死，为时人所耻，最后又因野心膨胀，图谋反叛而被杀（《三国志·魏书·钟会传》）。

明代教育家吕坤在《四礼翼·蒙养礼》篇中抨击了当时不少家庭中存在的不良风气，他说："抱儿者常令之打人以为欢，甚至父母引手，令击其面，或动出淫媟语以詈人，此乳婆愚父母之通病。"在幼儿打人骂人的逗笑中，父母正不自觉地为子女的将来铺垫着不良的根基。他们不懂得积小会成大、集腋能成裘的道理——小恶多了，将来就会成为大恶；小善多了，也会成为大善。只要教子立志从小的善事做起，也一定会有大的出息。而反之，不但会没有大的出息，而且可能遗讥于世，为害社会了。

■ 砥砺磨炼

在《战国策·赵策》中，赵国的左师公触龙提出了"父母之爱子，则为之计深远"的见解——若真正为子女的长远着想，就应该有意对他们进行一些吃苦的教育，磨炼他们的意志，

培养他们发奋的精神与坚强的毅力，建功立业，此乃是长久之计。

赵国当时由赵太后掌权，她很是疼爱小儿子长安君。这一年秦军大兵压境，赵国向齐国求救解围，齐国说只有赵肯将长安君作为"质子"（作为人质的王子）交给齐国抵押，齐才肯出兵。做质子很危险，也极受罪，太后当然不愿意，事情因而僵持不下。这时触龙出来劝太后，但他劝的方法与别人不同，因而没有被太后赶出门去。触龙说，太后疼爱女儿超过了疼爱小儿子——您的女儿远嫁燕国为王后，母女长期不能相见，您虽是非常想念女儿，但每次祭祀时必定会祷告说，一定别让她回来呀（古代诸侯女儿出嫁后，只是在被休弃或亡国时才能回到父母之国），让她的子孙世世代代都为燕王吧！这不是为女儿的长远着想吗？可您对小儿子长安君就不是这样！您虽是封给他尊显的爵位，赐给他膏腴的土地，赏给他众多的珍宝，但位尊而无功，俸厚而无劳，现在又不让他借此机会为国立功，一旦您百年之后，长安君靠什么立身于赵国呢？您为长安君打算得太短浅了！所以说，太后您疼爱长安君不如疼爱女儿燕后。正是由于触龙这套爱子的道理，才促使太后改变了原来的主意，同意将小儿子作为质子送到齐国。齐国这才出兵，赵国的围也被解了。长安君虽然经历了危险，可能也会吃些苦头，不会像在太后身边那样舒服了，但他一定会比过去成熟刚强了许多。在传统家教中，常有这样的口头语："吃遍苦中苦，方为人上人。"话虽有些粗俗功利，却不无道理。

父母要为子女的长远打算，要教他们树立大志，胸有大志的人要能经得起挫折与磨难。汉朝的司马谈教子,就是培养儿子刚强的意志与不畏磨难的砥砺精神。

■ 家睦孝道

孔子庭训教子学礼,礼既包括社会上人际关系间的行为规范,也包含家庭内人际关系的行为准则;儒家讲"欲治国者,先齐其家",国家的治理是以家庭的治理为基础的。所以说,社会道德与规范的教育,首先是从家庭伦理及规范的家教开始的。

王祥、王览兄弟的后代,琅邪王氏之族,在东晋南朝成为江南第一著名士族,出了很多政治家、文学家、书法家和画家,诸如东晋名相王导,画家王廙,书法家王羲之、王献之父子,王氏家族的人才辈出,世系的长盛不衰,与早年王祥兄弟将信、德、孝、悌、让五德作为教育后代的传家宝有着很大关系。王羲之就特别重视以"让"教子,他在给谢万的通信中说:"虽植德无殊邈,犹欲教养子孙以敦厚退让"(《晋书·王羲之传》)。

五德中的孝、悌、让,主要是讲家庭关系中的行为规范。古人对孝最为重视,孝有大小之分,对父

▲ 羊祜像

母能养能敬，是为小孝；自身修行扬名，以荣显父母养育教诲之恩，如司马谈教子时所说的那样，这样的孝是为大孝。就孝养父母来说，行孝又不仅仅是让双亲衣食无忧，更重要的是让他们精神愉快，得到尊重。孔子曾言："今之孝者，是谓能养。至于犬马，皆能有养。不敬，何以别乎？"（《论语·为政》）他注意到了父母在精神上的需求要比物质上的满足更为重要。悌是讲兄弟间应和睦，族人间要关系融洽。让是讲家人之间要谦让，尤其是涉及到财产时更要注意。这样做好了，就可以减少家庭的矛盾，达到家内人际关系的和谐。

■ 忠君信实

忠的观念作为一种立身处世的道德修养来进行教子，要比孝的观念晚些。孝是讲家族内人伦关系的规范，而忠的观念则是将这种规范原则扩延到了社会，也就是古人常说的"移孝作忠"。孝与忠的观念常常联系在一起，前面谈到司马谈教子时曾引用过《孝经》中的话："夫孝，始于事亲，中于事君，终于立身。"忠君的观念是包含在孝的观念之中的。鲁国的季康子曾问孔子怎样才能使百姓尽忠，孔子告诉他："孝慈，则忠。"（《论语·为政》）就是说你对父母孝顺，对子女慈爱，百姓们就会对你尽忠。见孔子将孝与忠联系在一起，忠是指忠于主人。孔子的学生曾向老师问仁，孔子回答说："居住恭，执事敬，与人忠。"（《论语·子路》）讲仁就是在家规规矩矩，从政做事严肃认真，与人交往忠诚信实。见孔子又将在家的规矩与在社会上的规矩联系在一起,忠也包括了对朋友的忠诚。忠的观念最初是指忠于主人、忠于朋友,到后来逐渐多指忠于帝王。在古人眼中,国君又是社稷的象征,忠君有时也就是指忠于国家。

古人在家教中,对子弟进行忠的教育是一项重要内容。前面讲到田稷子母教子廉洁、嵇康教子立志秉志的同时,都会教子忠信,这样的事例还有很多。

西晋人羊祜,字叔子,受封为钜平侯,都督荆州诸军事。羊祜在《诫子书》中说:"愿汝等言则忠信,行则笃敬。无口许人以财,无传不经之谈,无听毁誉之语。"他要求子弟为人要忠信笃敬、一心为公,不能纠缠于私人的恩恩怨怨,计较于个人的斤斤利害。羊祜的一位女婿劝他应该"有所营置,令有归戴者,可不美乎?"希望岳父多树亲信,使他们能归心拥戴,建立起自己的势力圈子来。羊祜不好说女婿什么,回家对儿子们讲了此事,告诫他们说:"人臣树私则背公,是大惑也。汝宜识吾此意。"(《晋书·羊祜传》)羊祜为国忠诚,为人忠信,不但受到国人的爱戴,也受到敌国将领的尊敬。当时羊祜领兵镇守襄阳,与孙吴政权的大将陆抗隔界对峙,双方互通使节。一次羊祜派人送酒给陆抗,陆抗收到后没有犹豫就喝下去了,部下提醒他要防备酒中有毒。陆抗说:"哪有用计以鸩酒杀人的羊叔子呢!"其对羊祜忠信的人品丝毫没有怀疑。

宋代的岳飞也非常敬佩羊祜忠信的人品。宋高宗曾手书曹操、诸葛亮、羊祜三人的事迹赐给岳飞,岳飞指斥曹操为奸邪,而很是景仰后两个人，要以他们为榜样。有人问他到什么时候天下才能太平，他说："文臣不爱钱，武臣不惜死，天下太平矣。"他一生刚直不阿，忠心为国，这与早年他母亲教子尽忠于国有直接的关系。岳飞后来被秦桧等以莫须有的谋反罪名捕入牢狱，在刑讯过程中，岳飞当堂解衣，露出了背上母亲刺的"精忠报国"四个字，字痕深入肌肤，在场的人无不肃然起敬（《宋史·岳飞传》）。岳飞的尽忠，是忠于朝廷、报效国家的忠。

第二节　谋生技能的传授

品德教育是子女立身的根本，属于精神范畴；而谋生技能的传授则是立足于社会的手段，属于物质范畴。人类的教育首先是从亲属成员间谋生技能的传授开始的，它是家庭生产功能得以实现的前提，是家庭教育最基本的内容。谋生技能的教育包括了生活教育、勤俭持家、自立教育、谋生手段与择业教育等方面。

■ 自理自律

生活教育主要是在成人之前进行的，即古人所言的"童幼"时期。它以日常生活秩序及行为规范的训练为主，是子女学会生活自理与自律能力为日后走向社会而准备的第一步，首先是从生活小事教起。

在孩童时期，教授示范基本的生活自理能力是家教的主要内容。《礼记·内则》中谈到了对子女生活教育要按阶段教以不同的内容：孩子从三岁完全断奶以后，先教给他们运用右手的能力，学会自己使用勺子、筷子等用具吃饭；会说话了，针对男女孩的不同特点，教给一些简单的应答语言；六岁时要教孩子数字的概念与方向的识别感；七岁时告诉他们男孩、女孩坐卧要有区别，不同席也不共食；八岁开始，应懂得与大人相处时要有礼让的规矩；九岁的孩子要教他们学会计算日期；十岁时应令他们学习待人接物的一般礼仪，并命他们走出家门从师就学。《礼记》中谈到的儿童时期生活教育内容，对后人的影响很大，经常会在家教中被借鉴引用。司马光《家范》之外的另一部家规著作《涑水家仪》，就套用了其中的主要内容。南宋大教育家朱熹曾说："古人自能食能言，便已教了，一岁有一岁工夫。"（《性理会通》）认为这种按部就班、分年龄阶段施以不同的生活自理能力的训练，在孩童的成长过程中十分重要。

在培养自理能力的同时，随着年龄的增长，家教中的生活教育则转向以自律教育为主。要坐立端正，养成良好的生活习惯；要有礼貌，懂得尊重别人，举止文明而有教养。孟子年轻时，一次进内宅，事先未曾敲门，也没有在门外吭一声，进屋后却指责独自一人在里面的妻子没有坐相，不懂规矩，要把她休掉。孟母知道后，教训孟子，《礼》不是说："将入门，问孰存（问谁在屋里）；将上堂，声必扬；将入户，视必下。"（《韩诗外传》）这是讲进门时不能让屋里的人感到唐突的规矩。如今你去内宅，进门也不先打声招呼，却怪人家坐卧随便，我看是你不懂规矩，而不是你媳妇无礼。孟子听后哑口无言，转而开始检讨自己。

在自律能力的训练中，良好生活习惯的养成极为重要。清朝初年朱柏庐《治家格言》中的头一条便是"黎明即起，洒扫庭除，要内外整洁"，将培养子弟勤奋整洁、起居有规律的作风放在了首要位置。比朱柏庐晚一时期的曾国藩，也在家教过程中反复劝诫子弟生活上不得懒惰。曾国藩长年在外做官与征战，对子弟的教育主要是通过书信的形式进行，他多次致函诸弟，希望他们生活要有规律，要早起勤快。四弟曾国潢开始在家料理家务时，曾国藩致信其说：

我有三事奉劝四弟：一曰勤，二曰早起，三曰看《五种遗规》。四弟能信此三语，便是爱兄敬兄；若不信此三语，便是弁髦老兄（认为老兄糊涂无用）。我家将来气象（景象）之兴衰，全系乎四弟一人之身。

《五种遗规》一书是乾隆时陈宏谋辑录的宋明以来有关修身、治家、处世文章的汇编。后来，曾国藩在致诸弟的信中又劝诫说：

诸弟不好收拾洁净，比我尤甚，此是败家气象。嗣后务宜细心收拾，即一纸一缕，竹头木屑，皆宜捡拾伶俐，以为儿侄之榜样。一代疏懒，二代淫佚，则必有昼睡夜坐，吸食鸦片之渐矣（《曾国藩家书》）。

曾家是官宦大户，自然不缺仆人丫环使用，但曾国藩要求弟弟们自身先要勤于收拾、时时洁净，并将这种良好生活习惯的养成看作是关系到曾家兴衰的大事。曾国藩这样讲，绝非是故作骇语以警人不忘，而确实是反映了当时人们对于生活教育的基本认识。

■ 独立勤俭

吕祖谦是南宋著名的思想家与教育家，人称"东莱先生"。他在《东莱博议》中以类似寓言故事的笔法讲了两种截然不同的爱子方式：

有一个人很疼爱自己的儿子，将儿子放在高堂之上，生怕他饿着，每天给他吃着鸡鸭牛羊；生怕他有闪失，大门都没让他迈出去过，这个人自认为是世上最疼爱儿子的父亲了。而他的邻居却不是这样，其命令儿子脚蹬草鞋，身携雨具，顶风雨冒霜寒到千里之外去寻师求学。一路之上孤单颠簸，尝尽艰苦，连路人见了都责怪他的父亲不知心疼儿子。可后来的结果怎么样呢？这两个人的儿子中有一位五谷不分，顽劣无知；另一位则事理通达，成了著名的学者。

"问之何人也？"自然不用作者告诉，大家就已能够猜出谁的结局如何了。吕祖谦在故事的最后提出了一个发人深思的问题："彼为人父者，将使其子无知为爱耶？将使其子有成为爱耶？虽甚愚者，亦知有所择矣。"

▲ 吕祖谦像

是让儿子无知为爱还是让儿子有成为爱，道理讲明了，只要不是笨到家的父母也会做出正确选择的。但世上的事情并不这么简单，窗纸不点就不破，有些父母往往就像那位将儿子供养在高堂上的父亲一样，将孩子的衣食生计全包了下来。

他们自己辛勤劳作，锱积铢攒，为儿孙日后的生计而日夜操劳，希望能够留给孩子们更多的钱财、更舒适的生活环境；子女坐享其成，父母还认为这是前世欠了他们的债，该给他们当牛马。其本心虽是爱子，结果却是将儿孙爱成了"无知"的寄生虫，离开了父母便什么都不行。而有远见的父母则如同那位命儿子千里迢迢独自去求学的父亲般，重视孩子在生活中的自立精神，培养他们的谋生能力。这样的家教有时看似冷漠而缺乏亲情，实际上在冷漠中却透着家长对子女的真正关心。

■ 资身之术

颜之推在《颜氏家训·勉学》篇中说："人生在世，会当有业。农民则计量耕稼，商贾则讨论货贿，工巧则致精器用，伎（技）艺则沈（沉）思法术，武夫则惯习弓马，文士则讲议经书。"他说的农夫、商贩、工匠、手艺人、兵将、文士的职业教育训练，开始时几乎都是在家庭中进行的。家教中这些谋生技艺的传授与培养儿孙的自立精神相辅相成。古有"积财千万，不如薄技在身"的谚语，所以颜之推又告诫子孙说："父兄不可常依，乡国不可常保，一旦流离，无人庇荫，当自求诸耳身。"怎样求诸自身？就应如俗谚所说的——要学技艺在身，不能"求饱而懒营馔，欲暖而惰裁衣也"。

父母教儿女以谋生手段，是家庭教育最基本的内容，也是家长的责任。南宋湖州归安人倪思谈到他对子孙的将来有八条长远打算，其中第四条便是："授以资身之术，如才高者命之习举业取科第，才卑者命之以经营生理。"其很重视子孙谋生技艺"资身之术"的传授，资质高的就让他从事学业参加科举考试，读书天分低的就让其从事生产经营。倪思的这种安排在古代家庭中是最为常见的。

西汉邹县人韦贤，以精通儒家的经典而闻名，并因此做官到了丞相。他的四个儿子承袭老父衣钵，也都以研习儒术而成为高官。大家都很羡慕韦家的这种家传之术，所以在邹鲁地区有民谚说："遗子黄金满籯（竹制笼筐），不如一经。"（《汉书·韦贤传》）韦贤与前面提到的裴昭明一样，是以读书学业并精通一经作为儿孙的资身之术的。

古代文化的流传，有的是由父传子，在家庭教育中代代相承，出现了一些文化教育世家，他们以私人教学为业谋生。济南人伏生是位经学家，专门研究《尚书》，早年曾当过秦朝的博士。秦始皇焚书时，伏生将《尚书》藏于自家的墙壁之中，后又经过秦末和楚汉之争的战乱，到取出时已经损失了数十篇。伏生将残存的《尚书》重新整理，又根据自己的记忆加以补充，编辑成《尚书》二十九篇，因为是用当时流行的文字隶书抄写的，所以也称《今文尚书》。伏生在齐鲁之间讲经授徒，女儿成为了他的助手。后来，汉文帝在全国征求研究《尚书》的学者到京师，闻知只有伏生能够堪当此任，因其年迈行动不便，于是派号称"智囊"的太常掌故晁错到济南伏生家中学习。此时伏生已90多岁，口齿不清，授业解惑便由女儿传言代行。晁错学成而归，《尚书》研究由此成为官学，至汉武帝时才设立《书经》博士，确立了《今文尚书》在经学上的地位，《今文尚书》的保存及学问能够留传后世，与伏生及他女儿的家学有着极大关系（《史记·晁错列传》）。

第三节　文化知识的获取

■ 小学于家

　　一个人文化知识的获取，应该说是属于官私学塾教育的事情，家庭内的文化教育多是学校教育的准备阶段及补充内容，不过由于古代学校教育的不发达，家庭或家族的教育在这方面是起着相当重要的作用的。古人文化知识的学习，被分成"小学"和"大学"两个阶段，有的是以束发而冠之年二十岁而区分，常见的是以十五岁为限。《汉书·食货志》说古之教人，"八岁入小学，学六甲五方书记之事，始知室家长幼之节；十五岁入大学，学先圣礼乐而知朝廷君臣之礼。"小学阶段的学习是以基础文化知识的启蒙教育为主的，而大学阶段的学习则是以从事学问研究或为出仕为官做准备的。在大学阶段，受教育者一般都有自学能力，不需要父师去督促了，孔子说"吾十五而有志于学"（《论语·为政》），便是指他能自学了。一个人的小学阶段的教育，在很多家庭中是直接由家长或者是在家族兴办的族学、家塾中完成的。

三国时期的魏国人钟会刚四岁时,母亲就讲解《孝经》给他听,七岁开始教他读写,逐步学习了《论语》《诗经》《尚书》等书,十五岁钟会将入太学学习。其母总结教子学文化的经验时说:"学猥则倦,倦则意怠;吾惧汝之意怠,故以渐训汝,今可以独学矣。"(《三国志·魏书·钟会传注》)强调教子学习时开始不能贪多杂乱,要循序渐进,积少为多,逐步养成自学的能力。

■ 重学明理

家庭中文化知识的传授,有家长受自身文化素养高低的限制,所以子弟文化知识的获取多在师教,但对此重视与否则多在家教,在于父母的态度。古人对子弟文化知识获取的重视,除了有以教书为师或入仕为官作为职业的选择外,更重要的还在于增益修养和明白事理的目的。前面谈到的刘备、诸葛亮教子立志,都是先从读书开始做起的,像这种事例还有很多,不论是帝王将相,还是普通人家,多谆谆告诫子弟要读书明理。

汉高祖刘邦年轻的时候是个无赖。那时正值朝廷焚书坑儒,禁止百家学说,"读书无益"论盛行,刘邦对此很是高兴,不但自己乐得不读书,还很讨厌读书人。他当了汉王以后,一

▲ 刘邦像

见穿儒服的书生还要骂上两句，甚至拿儒冠来小便。而等他做了皇帝后，才逐渐认识到读书的重要性，认识到马上能打天下却不能马上治天下的道理，改变了过去的无赖习气，开始尊重知识与文化。在平定了英布的反叛班师回朝的途中，他亲到曲阜以隆重谦恭的礼仪祭祀了孔子，开了帝王祭孔的先例。

■ 六艺并重

读书识字只是文化教育的一部分，属于智育范畴。在古代的家教中，尤其是早期，还有乐舞之教与御射、武艺之教的内容，即重视美育与体育方面的训练。

古人在教育上重视全面培养，并不只是偏重于书本的知识，家庭教育也是如此。西周时期的学校教授学生学习礼、乐、射、御、书、数等所谓"六艺"的课程，贵族的家庭教师中的"保"则是专门辅导贵族子弟学习"六艺"的。《周礼·地官·保氏》中介绍保的职责是："养国子以道，乃教之六艺。一曰五礼，二曰六乐，三曰五射，四曰五驭（御），五曰六书，六曰九数。"礼是人们社会交往中的行为规范，具体为吉、凶、宾、军、嘉五礼；乐包括舞乐，为礼的一部分，是将礼寓于乐中，有云门、大夏、大镬等舞乐；射、御是武功，指驭马、射箭等技艺的体育训练；书、数是文字书法与算学的知识。这些都是学校教育与贵族家庭教育应该学习的内容，也是日常生活中经常会涉及的问题。《礼记·乐记》上说："观其舞，知其德。"通过观察一个人的乐舞，就能知道他的德行如何。

又说:"乐在宗庙之中,君臣上下同听之,则莫不和敬;在族长乡里之中,长幼同听之,则莫不和顺;在闺门之内,父子兄弟同听之,则莫不和亲。故乐者,审一以定和,比物以饰节,节奏合以成文,所以合和父子君臣、附亲万民也,是先王立乐之方也。"乐舞之教,是教民教子的重要内容。春秋时期鲁国的权臣季氏在家用八佾作舞,即以八行舞列而舞。按他自己大夫的身份是只能用四佾的,只有天子才可用八佾,所以孔子闻知此事后气愤地说:"是可忍也,孰不可忍也?"(《论语·八佾》)在他看来,季氏的做法既是违背了上下的等级规范,又是极端没有教养的表现。

第四节　处世哲学的告诫

子弟从家庭步入社会，要与亲族以外的人员打交道，要有自己的社交圈子，近益友而远损友是很重要的事情；谋生从政，人生贫富无常，官场风云难测，趋利避害，全身保家，又是不可不注意的问题。处世哲学的告诫，历来都是家教中的重要内容。三国时人王昶在其所著《家诫》中谈到处世之道时说："夫人为子之道，莫大于保身、全行、以显父母。此三者，人知其善而或危身破家陷于灭亡之祸者，何也？由所祖习（效法）非其道也。"（《三国志·魏书·王昶传》）古人教子处世之道，概言之，为慎交游、谨言行、知权变三项。

■ 慎重交游

《太公家教》上说："近朱者赤，近墨者黑；蓬生麻中，不扶自直。"环境对于一个人的成长过程非常重要，不论是周围的居住环境还是身边的朋友交往都一样。前者对未成年子女的影响颇深，而后者则与成年子弟关系甚大。清朝人张英在其家教著作《聪训斋语》中分析青年人的特点时说："人生二十内外，渐远师保之严，未跻成人之列。

此时智识大开，性情未定，父师之训不能入，即妻子之言亦不听。惟朋友之言，甘如醴（醴，一种甜酒）而芳若兰。脱有一淫朋匪友阑入（阑入，闯入）其侧，朝夕浸灌，鲜有不为其所移者。"确实，青年人不像儿童少年那样容易听话了，他们大都有一定的主见，讲义气，好交往，情趣相投的朋友间的话往往会比父母的话甚至是妻子的话都更中听。但青年子弟又确实是涉世不深，经验不足，办事容易冲动而不顾利害，如果交友不当，很容易被带入歧途，此时的家教尤须重视择交之道。张英所言，既是自身经历的感受，又是教子的经验之谈。他在家教中抓大端，以读书、守田、积德、择交四事作为律身训子的纲要，并将其中的择交视为人生第一事。

■ 谨言慎行

古人早就有"三缄其口"而慎言之诫，此话虽有明哲保身的味道，然而信口雌黄、轻言他人善恶确实是缺乏修养的表现，同时也容易给别人带来不必要的麻烦。南朝史学家裴松之也称赞马援慎言之诫为"切至之言，不刊之训"，但又批评马援言行不一："称龙伯高之美，言杜季良之恶，致使事彻时主，季良以败。言之伤人，孰大于此？与其所诫，自相违伐！"（《三国志·魏书·王昶传》裴注）正是因为马援的诫侄书流传到了皇帝手中，龙伯高才被升官重用，但杜季良却遭遇撤职免官的厄运，所以引起了裴松之慎言之难的感叹。慎言之诫者也是言之不慎！

▲ 陈胜像

另外，在古代封建君主专制的时代，轻言政治得失也容易给自身和家庭招来灾祸，所谓"祸从口出"是也。东汉桓帝初年，太尉李固及其二子被专权的皇家外戚梁冀陷害致死，李固的小儿子李燮侥幸逃免。后梁冀被朝廷诛灭，李固的冤案才得以平反，李燮也遇赦返回故里。李固的女儿李文姬此时却教诫小弟说："慎勿有一言加梁氏，加梁氏则连主上，是又掇祸也。"（《华阳国志·汉中士女》）严酷无常的政治斗争，使得人们在家教中不得不常常告诫子弟要慎言谨行。

■ 晓知权变

孔夫子一生都对政治活动很感兴趣，周游列国，到处奔波，宣扬并实践他的社会信念与政治主张，虽然很不得志，但其并却不迂腐。他曾说过："危邦不入，乱邦不居"（《论语·泰伯》），表现出了相当大的灵活性。孔鲋是孔子的八世孙，陈胜是秦末农民造反的领袖，儒家讲君君臣臣，人们应各安其位，但孔鲋还是积极地投身到陈胜的反秦暴政的斗争中去，做了张楚政权的博士官。孔鲋提醒陈胜要戒骄，建议他要效法先王而分封六国的后裔,以图政权稳固,但未被陈胜所采纳。后来陈胜失败,孔鲋亦死于陈地。殁前,孔鲋遗嘱教诫弟侄说:"处浊世而清其身,学儒术而知权变"(《史记·儒林列传》《孔丛子·答问》)。知权变,是指在坚持一定的原则下,自身能有所调整,去学会适应社会,尤其是去适应多变动荡的社会。

知识链接

说"礼"

什么是"礼"呢?春秋时代的子大叔也带着同样的问题跑去问赵简子,希望学习揖让周旋的礼仪。但是赵简子对子大叔说:"对长辈、父母或者长者作揖,面对君子、老师或者朋友的应对行为,都是 礼 的含义,这都只是仪式罢了。"他接着说,礼是"天之经","地之义",也就是说礼是效法天地的运行而作的,是天地运作法则的体现。然后又说礼是"民之行",意思是说礼也是人民行动效仿的准则。最后他总结道,礼是君臣上下、夫妇内外、父子兄弟、甥舅之间的应对原则,只有做到了礼所要求的事才能处理好家庭、工作、社会等关系。

因此,我们现在学习"礼",不只是要学习礼的具体仪式,更重要的是学习礼背后的精神与含义。这样我们才会懂得怎样去应对不同的场合,学会在家庭社会立足,避免犯错,然后受到周围人的尊敬与表扬——这便是我们学习礼的目的。

古代的每一种礼都有着自身的含义。例如古代的冠礼。"冠"在当今社会可以理解为帽子的意思,但古代的"冠"比我们现在的帽子要庄严和意味深远得多,每一顶冠帽都有相应的衣服搭配,象征着不同的事物。冠礼是我们古代的成人礼,一个人一生有三次加冠,而且三次加冠的意义皆有不同，各有各的含义。首次加冠，体现的是由小孩到成人的转变，这意味着随着年龄的增长，家人、社会的要求开始发生转变，因此衣服也发生了变化，由普通的衣服转化为成年人的服装——朱子深衣，并加绶幅巾表示成人。可是单纯年龄的增长并不意味着具有成人的资格了，假若思想、知识还停留于童蒙阶段，则只能是一个大小孩，而非真正的大人。而思想与知识的改变则要靠读书学习，因此第二次的易服加冠表现的是由普通人向士人的转变，衣服则由朱子深衣转为襕衫。襕衫是我国明代士人的一般性着装，体现的是文人的气质与地位。更换此衣并非意味着地位的上升，而是表示对知识的热爱、对读书人的尊敬，以此发愿，继往圣之绝学，开万世之太平。读书之人，虽有知识，但不能死守其书，使其学问成为一纸空谈，百无一用。因此，我们需要有一颗兼济天下的心。修身、齐家、治国、平天下，从古到今一直都是对儒士的基本要求，正如孔子所云：学而优则仕，仕而优则学。仕与学并不是彼此独立的两件事，而是关系紧密，互为表里。因此，第三次加冠表现的是由士人向百姓父母官的转变，要求的是仕人当心系百姓，以其德性教化人民，做好人民的榜样。

从"冠礼"的例子可以看出，礼中的每一个动作、每一次转变都有着深刻含义。作为学生的我们，应该努力学习优秀古代文化的集合——礼，挖掘其背后的思想与意义，从而培养自己的君子情操，进而成为一名优雅的中国人。

第四章
古代家法族规与家风教化

  所谓"国有国法,家有家规",就是指一个国家有一个国家的法律,一个家庭有一个家庭的规矩。这个家庭的规矩就相当于国家的法律。孟子曰:"不以规矩,不成方圆。"一个家庭要想兴旺发达,做人做事都要懂得讲规矩。家人违背家规也要像国民触犯法律一样受到处罚。

第一节　家法族规是家族成员的行为准则

■ 家族兴盛的护身符

在任何稍具规模的家谱中，家法族规都是必不可少的。在家谱中，家法族规的名目繁多，常见的有宗约、家法、家规、家训、族规、族范、祠规、祠约等，虽然名称各异，但所包含的内容不外乎族人做人行事的基本道理和行为准则，以及当族人违反了这些基本道理与行为准则时的惩罚措施。正如有学者所说，家谱中的家法族规，将道德说教与人的悟性结合起来，把社会伦理同宗族信仰结为一体。在叙述伦理的真谛、风习和法规时，族规将这三者寓于其中，使之成为了浑然一体的约束工具。

家法族规进入家谱，有一个逐渐发展的过程。"家法"一词始见于汉代，不过是源于经学，与后世家谱中的家法族规没有什么关系。到了南北朝时期，"家法"一词被赋予了调整家庭内部关系之规范的新含义。如刘宋时官至太保的王弘，曾制定家法，时人称为"王太保家法"，这里说的家法与后世的家法族规其含义基本上是一致的。南北朝时期最有名的家法当属颜之推的《颜氏家训》,洋洋洒洒20篇的《颜氏家训》成为了古代家族教育的范本。在此之后,出现了一大批被后人称道的家训类专著,如陆游的《放翁家训》、袁采的《范氏示范》、司马光的《家范》等,但这些家训类的作品基本上都是单独行世的,还没有成为家谱的组成部分。宋代,欧阳修、苏洵创建了修谱的欧、苏体例,带动了民间编修家谱的热潮。有些家族修谱时在"谱例"中列入了一些族人在日常生活中应该遵守的规定,从而使部分谱例有了某种规范功能,可以被视为家谱中家法族规的雏形。家法族规正式出现于家谱中大约是在元代,不过,被普遍列入则是在明代,明太祖朱元璋曾亲自订立了六条规范百姓日常行为的"圣训"。上行下效,民间制订家法族规的家族也逐渐增多,其内容和形式亦渐趋成熟,成为家谱中重要的组成部分。

古人之所以要在家谱中列入家法族规,在《毗陵城南张氏宗谱》中说得相当清楚:"王者以一人治天下则有纪纲,君子以一身教家人则有家训,纪纲不立天下不平矣,家训不设家人不齐矣。"换言之,制订家法族规的目的就是要统一族人的思想、规范族人的行为。一般来说,家谱中的家法族规内容非常

▲ 伍子胥像

繁细、具体，大至财产继承、婚姻立继、祭祖祀宗，小至日常生活的琐事，无不包容。如江州义门陈氏家谱中仅吃饭问题就列有6条，而被朱元璋称为"江南第一家"的浙江浦江郑氏家谱中的《郑氏规范》竟多达168条。

家谱中制定如此细密的家法族规，可以说是在全方位地规范族人的行为，这样做其实是出于家族生存与发展的考虑。从秦汉到明清，中国的封建专制统治日益强化，皇权渗入到了社会生活的每一个角落。中国历史上"忠"与"孝"关系的演变，颇能看出专制皇权强化对于民众生活的影响。国君要求臣民尽忠，家族要求百姓尽孝，对于一个人来说，同时能够尽忠尽孝，自然是两全其美的好事，但自古忠孝难以两全，于是便有了"忠"与"孝"地位先后的问题。先秦时期，人们认为"孝"比"忠"更为重要，伍子胥的故事便是最好的注解。春秋晚期，楚平王听信谗言杀了伍子胥的父亲与哥哥。伍子胥问申包胥应该怎么办，申包胥回答："我要劝你报仇，则使你不忠；若劝你不报仇，你又对不起先人。我不便给你建议。"伍子胥最终投奔吴国，并率吴军打败了楚国，将楚平王的尸首挖出来鞭打，以报父兄之仇。申包胥的表态和伍子胥的所作所为事实上都表明了当时人们认为尽孝要重于尽忠的态度。即使到了三国时期，许多人依然认为尽孝比尽忠更为重要。曹丕曾在一次宴会上问参加宴会的宾客："国君与父亲都有病，但只有一丸药，只可救一人，应当先救君王呢，还是先救父亲？"结果宾客中有人说应该先救君王，也有人说应该先救父亲了，长史邴原一言不发，事后曹丕问他的看法，邴原回答："当然是先救父亲。"可见在邴原的心目中，这根本就是一个无须讨论的问题，尽孝自然要比尽忠更为重要。但随着时代的推移，"忠"与"孝"的地位逐渐发生变化，在清代《毗陵高氏宗谱》的家训中，大谈什么普天之下君恩无所不在，百姓能够日出而作，日落而息，安居乐业，享受太平清福，全靠皇帝一人操劳国事，替百姓兴利除弊，所以做人必须先尽忠。随着这类观念的泛滥，民间甚至出现了诸如"宁可终身无父，不可一日无君"的民谚，向皇权献媚的丑态一览无余。

当然，人们向皇权献媚未必是心甘情愿的，更多的是迫于皇权的淫威。面对无力抗拒的国家机器，小心谨慎、趋利避害便成为百姓的唯一选择。由于在中国古代的社会结构中，家族被视为基本单位，个人首先是家族的一员，其结果便是任何一名家族成员的飞黄腾达都能为整个家族带来荣耀；而任何一名家族成员的行为不慎，也可能会给整个家族带来灭顶之灾，正如俗语所说的"六亲同运，一损俱损，一荣俱荣"。一名家族成员的严重犯罪，就有可能付出全家族生命的惨重代价。在中国的戏曲中，满门抄斩是常见的情节，而在中国的史籍中，灭族的血腥记载充斥于5000年的历史中，灭三族、灭五族、灭九族甚至是灭十族，读之令人心惊。中国历史上最惨的一次灭族案是明代的方孝孺案。明成祖朱棣从侄儿建文帝手中夺取了帝位，便要方孝孺起草即位诏书，不料方孝孺不仅拒绝起草，还大骂朱棣是篡位奸臣，恼羞成怒的明成祖下令诛杀方孝孺十族，连他的朋友、学生也都不放过。

在这次血腥的大屠杀中，共有873人惨遭杀害。血淋淋的教训让人们不得不把家族的生存置于首位，转而抑制家族成员的个性自由与发展，于是，家谱中便有了条目繁多的家法族规。

在家法族规中，有不少涉及与国家关系的内容，在处理与国家的关系上，提倡忠君意识成为了不同家族的共同选择。对于普通百姓而言，忠君的表现就是纳税与守法。

几乎所有的家法族规中都有及时纳税的内容，要求有田产之家收获后迅速缴纳赋税，做一个守本分，无须督促就主动纳粮的好百姓。当然，要求及时纳税的真正目的是为了避免与官府之间产生矛盾，既然明知胳膊拗不过大腿，不如早点缴纳，正如《任丘边氏族谱》所言："钱粮当及早办纳。终无赦理，徒受人气何也？"在这种思想下，"要得安，早输官"一类的话语便频繁出现于家法族规之中。有的家族担心族人不能及时缴纳税粮，以致受到官府的责打鞭扑，便设立助役田，帮助族人纳粮。明代的江南是全国赋税最重的地区，松江华亭人顾某捐出田一万余亩，其收入替全族人缴纳税粮，帮助族人解除了重税的痛苦。

在封建社会，专制统治者不允许民间建立自己的团体组织和参加秘密团体都有可能带来杀身甚至灭族的惨祸。在清代，各种反清的秘密帮会组织层出不穷，如天地会、哥老会，还有一些秘密宗教如白莲教、闻香教，这些地下团体组织的武装暴动此起彼伏，而伴随一次又一次暴动而来的便是一次又一次的流血惨剧。为了族人与家族的自身安全考虑，绝大多数家谱的家法族规中都有禁止族人参加此类地下组织的条款。如《合江李氏族谱》中便规定："哥老、添弟等会党，及江湖放瓢、结盟、拈香，皆匪徒所为，显干法纪。族中子孙，不得听其引诱，致罗重咎。白莲、闻香、灯花等名目，屡奉严禁，皆系妖言。族中子孙惟宜孔孟之规，勿为邪说所诱。"有的家族不仅禁止族人参加这些有反政府行为的秘密组织，而且还要求族人不参加所有的社团组织，如吴麟征在《家诫要言》中提出"秀才不入社，做官不入党"的要求，也就是说，族中的秀才文人不能参加诗社、文社之类的文人组织，而当官的族人也不能与其他官员结成利益小团体，以防城门失火，殃及池鱼。如此小心谨慎，显然是刑场上翻飞的鬼头刀给制定家法族规的人们留下了深刻的印象。

参加社团可能会招致池鱼之殃，而交友不慎同样会引发灾难性的后果，要知道受方孝孺案牵连惨遭诛杀的十族中有一族正是方孝孺的朋友、学生。在严酷的现实面前，"慎交游"便成为家谱中最为常见的家法族规之一。有的家族为了避免外部世界未知的危险，甚至禁止族人远行，有的规定族人"出游不得越二十里外"，有的规定族中的读书人科举考试只能考至举人，不能参加进士考试，以免考中后外出做官。

在特务横行的专制统治时期，"莫谈国是"出现在诸多家谱之中。为了避免口舌招祸，不少家法族规中都禁止族人贸然议论国是。之所以要强调莫谈国是，《三河口龚氏宗谱》的《龚氏宗规》中有过精彩的论述："士君子不可无忧国之心，不可有爱国之言。有忧国之心而言之，已为出位。若无忧国之心而言之，更为讪上。若言及官庭得失，人家长短，闺门隐微，便是杀身之道。"在一个发表爱国言论也会招致杀身之祸的社会中，议论国是实在是一种危险至极的行为，一旦被官府追究，小则牵连父兄，大则株连全族。因此，为了家族的安全，许多家族都规定，对于胆敢妄议朝廷得失的子弟，要"带祠责惩，以警其妄"。

在家法族规中还有一个常见的内容——"居家戒争讼"，也就是反对族人打官司。许多家族都规定，凡家族内部发生民事纠纷或刑事案件，均不得擅自告官兴讼，即使是与外族人发生冲突，也不能贸然兴讼，而应当通过适当的调解寻求私了。如《高邮龚氏族谱》就规定："族中有争占等情，只许赴族长及所立宗正、宗副各诉其情，从公剖决，毋辄告官兴讼。"不准族人告官兴讼，是为了避免与官府发生关系。关于打官司，民间有过许多民谚，"衙门八字开，有理无钱莫进来"，"一字入公门，九牛拔不出"，这些民谚可以说都是人们付出了惨痛的代价而得到的教训。经验告诉人们，一旦告官兴讼，官司如果败诉，自然要受到官府的责罚；即便是胜诉了，也将耗费大量的钱财，如果案件久悬难决，甚至会有倾家荡产的危险。正因为如此，"讼则终凶"才成为当时人们的共识。对于那些不遵家规擅自告官兴讼的族人，家族往往会采取严厉的惩处措施。有的家族规定，即使是有理的一方，若先告状，祠堂也将处罚他，以惩治不先到祠堂论理的过错；而如果双方都上衙门告状，则要责罚双方。《永定邵氏世谱》中就规定，凡不经过族长而直接告官兴讼的，先按目无尊长罪惩处，然后再考察是否有理。而《湘阴狄氏家谱》则规定，如有族人怂恿他人告官，则要将其带入宗祠予以重惩。

当然，禁止族人告官兴讼毕竟只是冲突发生以后的被动处理方法，而为了避免打官司，很多家族在家法族规中就要求族人避免与他人发生各种形式的激烈冲突，以免惹祸上身。比如《越州阮氏宗谱》中就主张："邻里不论新旧，宜相见以礼，相处以和，通有无，泯嫌怨，其大较也。"在湖南，当地人会采用"服毒坐拼"的方法胁迫他人答应自己的要求，即服毒后坐到冲突对方的家中或家门口，如果对方不答应所提条件就不喝解药。"服毒坐拼"常会出现因解毒太迟而坐拼者丧生、被胁迫者遭害的悲剧结局。有的家族为了防止这种两败俱伤的情况发生，规定如有服毒坐拼者上门，不准与其对峙，而应立即送官，以免一旦出现意外而卷入人命官司之中。

然而，对于实现家族兴旺的目的来说，仅仅靠保障家族的安全是远远不够的，兴旺的家族因子孙不肖而瞬间衰落的例子实在是太多了，因此，如何规范家族子弟的行为，使他们能够继承与振兴家业，便成为家法族规必须解决的重要问题。

▲ 康有为像

康有为在《大同书》中讲述了一个家资巨万的富翁的故事：富翁有儿子、儿媳20人，孙子、孙女二十余人，还有几个曾孙，但这些子孙都是些纨绔子弟，只知道吃喝玩乐，全靠富翁养活。富翁年纪大了以后，再也无力经营，便只能靠变卖家产维持生活，结果等到富翁穷困潦倒而死时，连裹尸的草席也没有。这样的结局，触目惊心，当然谁也不愿看到，因此在有的家训中就要求子孙要自立，不能靠吃祖宗的老本过日子。比如《温氏母训》中就称："岂有子孙专靠祖宗过活？天生一人，自料一人衣禄，若有高低，各执一业，大小自成结果。"由于害怕后世子孙怠惰奢侈而造成家道中断，许多家法族规都强调要勤劳节俭，《曾文正公家训》中就称："无论大家小家，勤苦俭约，未有不兴；骄奢倦怠，未有不败。"为了培养子女的勤劳习惯，有的家法族规还制定了具体规定，如于成龙在《治家规范》中就对家族内的经商者提出了要求："或开店，或行商，俱要早起晚睡，不可偷安。"有些甚至提出了非常具体的量化要求，如《庞氏家训》规定：女子六岁以上，每年给十斤棉、一斤麻；八岁以上，每年给二十斤棉、二斤麻；十岁以上，每年给三十年棉、五斤麻，令其纺织，产品贮存起来以备将来出嫁时做嫁衣用；新媳妇进门，每年给三十斤棉、五斤麻，必须亲自纺织，丈夫的麻布衣服，都要由妻子亲自做。

勤俭持家被认为是家族兴旺的基础，许多家法族规都要求族人勤俭节约，不要奢侈浪费，所谓"一粥一饭，当思来之不易；半丝半缕，恒念物力维艰"。《白苎朱氏宗谱》中规定："子孙年幼，不得衣罗缎衣服。至冠方做与时衣一袭。婚娶之时做与冬夏衣各一袭,不得过奢。"明代礼部尚书霍韬在家训中也规定:凡床帐,不许用纱、绢;凡衾褥,不许用绸、缎、绫、绮、织绣;凡小侄出入不许乘马,不许独雇一舟;凡非官员、举人,不许雇人撑大雨伞;凡娶妇,不许接受各种银器和描金漆器为嫁妆等。与此同时,许多家法族规还严禁族人游手好闲、奢侈无度、沾染上吃喝嫖赌等恶习,有些编修于晚清或民国的家谱中,其家法族规还特别规定禁止族人吸鸦片烟。

家族子弟的择业是家法族规关心的又一个热点,这也是关系到家族发展的重要问题,清代张履祥就曾说过:"士、农、工、商无一业,酒、色、财、气有一好,亡家丧身有余矣。"因此,众多的家法族规都要求子弟务正业,也就是要从事正当的职业。士、农、工、商是古代四大正业,其中又以士、农为上,工、商为下,因此当时的书香门第大多要求以耕读为本。如《宋泽吴氏宗谱》在《家训》中就规定:"除耕读外无一事可为,商贾近利易坏心术,工技役于人,流于卑贱。"当然,对于择业限制如此极端的家族并不多见,大多数家族认为士、农、工、商各有本业,都是衣食之所出,况且自古以来,"用贫求富,农不如工,工不如商",因此对四业普遍都持认同的态度。有些家族还将正业扩大到了士、吏、农、工、商、贾、医、卜八事。

但是四业也好,八事也罢,与三百六十行相比,只是占了其中的一部分,社会上还有许多职业是在四业、八事之外的,对于这些职业,不同的家族在家法族规中有着不同的规定。娼、优、隶、卒在当时被普遍认为是有辱门楣、败坏家声的贱业，其中娼是指娼妓、优是指戏子、隶是指衙役、卒是指兵士。许多家族都禁止族人充当衙役，因为这些人对上奴颜婢膝，对下鱼肉乡民，为世人所不齿。《绩溪眉山吴氏宗谱》中便收录一首《衙役诗》："黑海遭鱼肉，苍生用鼠牙。票签为护法，鞭仆作生涯。讼费囊中货，奸情院里花。不须知县怒，已破几人家。"从诗中对衙役所作所为的描写，便可以看出人们对于衙役的痛恨。有的家族还禁止族人出任保长，原因是保长与衙役的身份有相近之处，同样是一方面奴颜婢膝地伺候官长，另一方面又狐假虎威地欺压百姓。戏子因为常年在外出班演出而受到鄙视，《建桐吴氏宗谱》中即规定："出班演戏，此乃下流，所习不顾双亲年老，亦不知生死存亡。嗣后禁习梨园，倘有出班演唱者，削逐出祠，永不复入。"

还有一些职业，如剃头、剔脚、吹手、屠户、轿夫、奴婢等，包括讼师、和尚、道士也都被视为贱业。许多家族都禁止族人从事贱业，认为从事贱业不仅会有辱门楣，而且还会使人沾染恶习。永安《佘氏族谱》的《谱禁》中就称："禁委身贱役。力田读书，居世应有恒产；为商攻技，凭人各擅其长，徒手耗食固当惩，贱役无良尤必饬。盖一身充入，百恶俱呈。状貌狰狞，曾禽兽之大若，爪牙鹰猛，肆戚友而俱伤，甚而借杀人，鬻形制命。"而《武进姚氏宗规》也规定："不得越四民之外，为僧道，为隶役，为优戏，为椎埋屠宰。"对于不顾禁令从事贱业的族人，许多家族都制订了严厉的惩罚措施，如《佘氏族谱》就规定："如敢委身贱役玷辱宗祊，定即视若路人，不准入庙与祭。"《苕溪吴氏宗谱》则规定:"为奴者出""为优伶者出""为皂隶者出""充本里保长者出"。无论是家谱除名还是禁止入祠祭祀,其真正的惩罚都是开除出宗族,这也是宗族最为严厉的惩罚措施。

■ 家法族规中的日常生活

在古代,无论是家庭还是家族的日常生活中,都有一整套严格按照礼法而制定的生活规范,所谓"居处有法,动作有礼"。尽管不同的家庭、不同的家族在生活方式、习惯上各有特点,但是,严格遵守根据传统伦理道德而形成的礼法,则是整个古代社会家风的基本价值取向与主要特征。而严格按照礼法行事,是实现家庭、家族内部整合,保证人际和谐与家庭生活日常运作、维护良好家风的重要机制。

古人对于家风是极为看重的。家风的好坏关系到家族的名声,无论家族地位如何高贵,一旦被人视为家风不佳,家族的社会声望就会严重受损,因此社会上有"事业事小,门户事大"的说法。既然家风如此重要,因此维护家风便成为了家族的大事,于是各地的家族便根据礼法在家法族规中制定出许多详细的规定,以规范族人的行为。

古代是重孝的社会,因此子女对父母的礼在家法族规中规定得非常细致,甚至可以说举手投足都要受到礼法的约束。

按照规定,子女必须无条件地顺从父母。父母吩咐办的事要迅速去办,办完了要向父母报告;如果父母吩咐办的事有不可行之处,则要向父母说明情况,等父母同意后再议;如果父母坚持要办,子女则要屈从于父母，照样去办。父母喜爱的东西，子女也要喜爱。如果父母说儿媳好，做儿子的就是不喜欢自己的妻子，也要与妻子白头偕老；如果自己喜欢妻子但父母不喜欢，做儿子的也要马上将妻子休掉。这些规定在实施的过程中，不知造成了多少悲剧，将多少恩爱夫妻棒打鸳鸯两分离。《孔雀东南飞》中的焦仲卿与刘兰芝夫妻恩爱，却因焦母不喜欢刘兰芝而不得不洒泪分离，但两人情意难舍，最终刘兰芝赴水而死，听到噩耗的焦仲卿"独挂东南枝"，与爱妻黄泉重相会，令后人为之欷歔叹息。

关于子女要无条件顺从父母，还有一句俗话："君要臣死，臣不得不死；父要子亡，子不得不亡。"可见子女在生死大事上也要顺从于父母。当然，在家谱的家法族规中，一般不会对子女提出这样极端的要求，但父母教训子女则是被视为天经地义的。父母生气打子女，即使是打得流血，也不能怨恨，还要像往常一样孝敬父母。不过，子女挨打也要有分寸，不然即使挨了打，也会被人视为不孝。曾参是孔子最著名的四大弟子之一，有一次他锄地时误伤了瓜秧，他父亲大怒，顺手抄起大棒就向曾

▲ 曾参像

参的背上打去，曾参没有躲开，结果被重重地打了一下，倒在地上不省人事。等到苏醒过来后，曾参就向父亲问安，说："刚才儿子得罪了大人，让大人生气，用力教训儿子，大人身体还好吧？"曾参觉得自己很孝顺，将这件事处理得很好，回到自己屋子后高兴地弹琴唱歌。孔子听说后很生气，对看门的弟子说："曾参如果来，别让他进门。"曾参自以为没错，就托人打听孔子为什么生气。孔子回答："你没听过舜的故事吗？他父亲要用他的时候，舜总在身边；他父亲要杀他的时候，却总找不到舜。较轻的体罚，舜就挨着；看到是大棒打，舜就逃走。所以，舜的父亲不犯.不父.的罪，而舜也不失为大孝子。但曾参当父亲暴怒时却挺着身子等挨打，万一他父亲把他打死了，那就会让他的父亲成为不义的人，还有什么不孝行为比这更严重的呢？"在孔子看来，父母如果将子女打死，也还是子女的大不孝行为。

在父母与子女的关系中，孝敬父母是子女的基本义务，子女要在衣食住行等方面为父母提供良好的条件，这都有一些行为规范。子女应该让父母的卧具冬温夏清，也就是说，夏天要让父母的卧具清凉、冬天要使卧具温暖。东汉时的黄香9岁时就能在夏天用扇子把父母的床、枕扇凉，冬天用自己的热身子给父母暖卧席，被民间列为二十四孝之一。在饮食方面，子女要让父母吃好，而且不仅要满足父母的口味，还要注意满足他们的心理需要，即所谓养老。此外，子女在外面得到好食物一定要送给父母食用。三国时的陆绩6岁时随父亲拜访袁术，袁术给他橘子吃，陆绩见这些橘子与普通的橘子不同，就悄悄在怀里放了两只。不料告辞时橘子掉了出来，袁术开玩笑说："怎么你来当客人，还装主人家的橘子啊？"陆绩跪答："家母喜欢吃橘子，我看这橘子好，就装了两只，准备带回去给她老人家吃。"袁术见一个6岁的孩子已经如此有孝心，惊叹不已。这件事在当时被传为佳话，后人将其列入了二十四孝之中。在住的方面，子女不能住内室西南角，在座席上，子女不能坐中席，因为这都是尊长的位置。

子女对父母孝敬，当然父母对子女也要关心，家法族规中对此也有明确规定，一般要求父母对子女严与爱相结合，要求"父子之严，不可以狎""骨肉之爱，不可以简"。也就是说，父亲对子女的爱要藏在心里，不能显露在外表，其结果"严父"便成为了父亲的标准形象。《红楼梦》中贾政和贾宝玉之间的状态可以说是古代父子关系的典型，贾宝玉见了贾政就像个"避猫鼠儿"，而贾政虽然心里也疼爱宝玉，但却始终不表示出来，总是摆出一副教训的模样。不过，虽然古代的父亲总是要摆出"严父"的样子，却也并不减少他们对于子女的关爱之情。晋代张澄请风水先生勘察父亲的墓地，结果发现了两处风水宝地，风水先生对张澄说，葬此处，死者的儿子可年过百岁，位列三司，但孙辈就不行了；葬彼处，死者的儿子寿命减半，也不能位列三司，但孙辈累世显贵。结果，张澄不惜自己的寿命及官位受损，选定了能使后代显贵的风水宝地作为父亲的墓地，其爱子之心跃然纸上。

强调尊卑关系是家法族规的重要内容之一，确立并维护尊卑关系可以建立家族内部日常生活的秩序，这对保障家族的稳定发展有着重要意义，因此，家法族规中有许多确立与维护家族内部尊卑关系的规定。

在古代的家族中，宗法等级是十分严格的，族长、房长乃至家长的绝对权威不容挑战，家法族规对此给予了坚决的维护——对于其他人来说，无条件地服从命令听指挥是他们的义务。山西尉迟氏是一个从唐代至清代都未曾分过家的大家族，一次，家族新上任的年轻族长召集各房房长，下令："明日尽割田中麦！"这时只是3月份，麦子根本就没有成熟，但对于这样一个明显错误的决定，各房的房长却没有丝毫违抗，齐声答应："是。"各房长散去后，新族长立即到各房巡视，只见大家都在房长的带领下做割麦子的准备工作。之后，新族长又召集房长开会，对大家说："我刚才查看了麦田，麦子未熟，明天不能割。"各房长听了，依然只是点头称是。这件事很能说明尊长权威的绝对性——对于一位新上任的年轻族长发布的明显错误的命令，族人也只能执行，因为他们知道，违抗族长的命令将会受到家法族规的惩处。

在家法族规中，尊卑关系首先表现于辈分的高低，这在法律上也同样可以得到确认，所谓"父辈曰尊，而祖辈同；子辈曰卑，而孙辈同"，辈分是确定族人尊卑关系的重要标尺。《湖北通志》就记载了实际生活中的一则事例。有二叟坐，见一妇人抱婴儿至，肃然起立。问其故，曰："此儿虽小，诸父行也。"可见，低辈分的白发老翁也必须要对高辈分的婴儿表示尊敬，因为婴儿的辈分高，处于尊者的地位，而其尽管已经是白发老翁，但由于辈分低，依然处在卑者的地位。

在古代社会中，身为尊长的父母几乎掌控着子女的全部生活，小到子女的交游权、娱乐权，大到婚姻权、择业权，甚至生存权。许多家法族规对族人的行为都做了具体规范，如规定衣着要端整，不得赤脚露臂；会见客人要有礼貌，言谈要庄重，不许用市井语汇；交友要谨慎，不得与屠竖小人、戏子往来；不许吹笛、唱曲、下棋、玩双陆、养鹰犬等，一旦违反，就要受到惩罚。《红楼梦》第三十三回"不肖种种大承笞挞"中贾政痛打贾宝玉，原因之一就是贾宝玉与戏子琪官交往。而贾宝玉尽管受到贾府上下的宠爱，但他的婚姻权却也并不在他自己手上，虽然与林黛玉情投意合，最后却也只能糊里糊涂地娶了薛宝钗。唐代元德秀因为父母在世时未能给他做主成婚，父母死后竟始终不敢结婚，而这种行为还受到了社会的称颂，元德秀也因此被列入《新唐书·卓行传》。家长还有典卖子女甚至是杀死子女的权力，汉高祖刘邦就曾下令"民得卖子"，而在中国的多数王朝，虽然法律并不允许人们鬻妻卖子，但对实际存在的卖子行为，政府只是采取了视而不见的态度，有时甚至还不得不在律令上向社会现实让步。在清代，一方面禁止鬻妻卖子；另一方面又承认贫民典雇妻女的现象很普遍，表示此种情况可以不在禁令之限。

家法族规中尊卑关系的另一个表现则是在性别上，男尊女卑是中国古代社会的传统观念。古人将生女称为"弄瓦"，生男称为"弄璋"。据说，周代时，若生下女婴，就放在地上，给她砖瓦玩，所以称为"弄瓦"。据班昭在《女诫》中的解释，女婴之所以要放在地上是因为女子是卑弱的人，之所以给砖瓦玩是为了让她学习劳作。璋是玉器，男婴生下后会被放在特制的床上，给他玉器玩，因为男子是未来的"室家君王"。可见，从一生下来，男尊女卑的地位就已经确立了，而从传统社会要求女子的"三从四德"中的"居家从父，出嫁从夫，夫死从子"来看，女子终其一生也始终都处于男子的附属地位。事实上，在古代中国，女婴出生后能有机会"弄瓦"就已经算是幸运的了，自古以来，中国溺婴之风从未断绝，而惨遭溺杀的基本上都是女婴，《韩非子》中即有"产男则相贺，产女则杀之"的记载，可见战国时期这一陋俗就已经盛行开了。而在现存的众多家谱中，家法族规中有关禁止溺杀女婴的规定又使我们看到明清时期溺杀女婴依然是社会上难以根除的顽疾。其实，这种野蛮的现象今天依然存在，只是随着科技的发展，今天的人们不是等女婴出生后再行溺杀，而是连出生的机会也不给了。

当然，女性在家庭中的卑弱地位在某些特定的条件下也可能会改变，如尊卑关系还要受到长幼之序的影响，高辈分的女性相对于低辈分的男性依然享有尊长的地位。换言之，如果妇女的辈分能够成为家庭中最高，那么在丈夫死亡的情况下，她所拥有的地位、权力并不低于男性家长。唐代李道枢官高权重，地位显赫，但当人们到他府上拜访时，却常能碰上他正在挨母亲的板子。在《红楼梦》中，我们可以看到，贾府中地位最高的正是贾母，身为家长的贾政对于贾母不敢有丝毫的违抗，第三十三回"不肖种种大承笞挞"中，当贾政气急败坏地要将贾宝玉打死时，贾母一句："我一生没养个好儿子，却叫我和谁说去！"便让贾政跪地含泪道："老太太这话，儿子如何当的起？"面对贾母的不满与怒气，贾政只能一面说："母亲如此说，儿子无立足之地了"，一面"直挺挺跪着，叩头谢罪"。

家法族规中尊卑关系的表现还有上下关系。根据规定，妻、妾在家庭中的地位是不平等的，她们之间存在一种上下关系：妻子是家庭的女主人，称为主母，是正室；而妾虽然在地位上要高于奴婢，但却并不是主人，是侧室，妻有权力任意责罚妾。妻、妾地位的不平等还影响到她们孩子地位的不同，妻生的儿子是嫡子，妾生的儿子是庶子，在家庭中嫡子与庶子的地位及待遇是不同的。战国时四大公子之一的孟尝君，由于系妾所生，加之出生的日子不吉利，出生后竟然一直没有见过父亲。一直到长大以后，因为有兄弟说情，才见到父亲。同为一父所生，身为庶子的孟尝君为见父亲一面竟然还要走嫡子的后门，可见嫡庶之间在贵贱上的巨大差异。不过，妻、妾之间的地位差异在实际生活中有时也会出现一些变化，由于妾往往年轻貌美，深得丈夫宠爱，因此在妻妾争宠的闹剧中常能得到丈夫更多的支持，甚至会出现"妾为太君，婢作夫人"的局面。为了避免这种破坏尊卑秩序的事情发生，许多家法族规都强调要维护主母的尊严，规定不准因为宠爱妾而摒弃妻子，不允许以妾为妻，妾在行坐之礼上都不准与妻相同。在家谱的登录上，要注明妻、妾的名分，以表明地位的不同；而且，妾只有生儿子，才能因母以子贵而登录家谱。主奴关系也是一种上下关系，许多家法族规中也有不少如何对待奴婢的规定，要求族人在与奴婢相处时不能破坏尊卑关系，如不允许与奴婢碰杯，不允许奴婢在结婚时张设鼓乐，不允许奴婢在族人瞩目之处跨马乘车，不允许奴婢穿戴奢华服饰等。有些家法族规也要求应善待奴婢，不准肆意鞭打，有的还规定婢女年满16岁，就应该让她们嫁人。

强调日常生活中的男女有别是家法族规的又一焦点。许多家法族规都规定，男女7岁不同席，有的还规定女孩8岁不准到外婆家，媳妇只有娘家双亲健在才允许探亲，如双亲亡故则不许走动；娘家来的男子，只有父亲及亲兄弟可以相见，其余人则不能随意相见；女子无故不能出中门，男子无故不得进中门，如果有事必须进出，则要相互回避。在《红楼梦》第三十三回中，王夫人听到贾政在痛打贾宝玉，情急之下赶到中门外的书房，结果"慌得众门客小厮等避之不及"，可见这一规定在日常生活中是得到严格实施的。此外，男女之间不能互相授受，只有举行祭礼、丧礼等特殊情况下才允许互相接递器物，但要放在地上或筐内，让对方来取。平日走路，男女也要分开，男走右侧，女走左侧。男女的枕、席、衣箱、晾衣竿、挂衣架、浴室、厕所、水井、住处都要分开。甚至即

▲ 孟尝君像

使是死，也要男女分开，男子不能死在女人的手臂里，女人不能死在男子的手臂里。

家法族规强调男女有别，是担心妇女在与异性的交往中产生爱情，做出有辱门风家声的事情来，因此要隔绝妇女与外界的一切联系。出于这种考虑，许多家法族规都禁止僧道、三姑六婆入门，认为这些人搬弄是非，哄骗逗引，是祸乱的根源，不会弄出什么好结果来。有的还规定禁止妇女入寺庙烧香，禁止妇女春节出门观灯，禁止妇女在各种节日出门看戏，禁止妇女春天外出踏青，将妇女禁锢在家中。对于违反这些禁令的行为，有的家族还在家法族规中制定了具体的处罚条例，如《宜兴篠里任氏家谱》中就规定：若妇女到寺院烧香，罚她的父亲、兄长或丈夫银二两，如不愿交银钱，罚打二十大板。

有些女子长期受到男女有别思想的灌输，将其奉为金科玉律，不敢有丝毫的违反，不接触任何男子，而一旦出现意外情况，便往往会以极端的方式处理。清道光年间，某地发洪水，一名女子被困于水中，大水已经淹到了她的腰。有人看到情况危急，抓住她的左臂将她从水中救起。不料这名女子得救后却呼号大哭，说："吾乃数十年贞节，何男子污我左臂！"竟然用菜刀将自己的左臂砍下，然后跳入洪水中自杀了。然而，政府对此类极端的做法却大加鼓励，极力表彰这些所谓的节妇烈女；宗族也以这些所谓的节妇烈女为荣，在家谱中为她们立传，以激励更多的妇女成为新的殉道者。许多家法族规都要求妇女守节，而对改嫁的寡妇给予种种罚处，如不让她们葬入宗族墓地、不让她们的牌位放入宗祠、不把她们的姓名载入家谱等。

不过，也有些宗族对妇女比较有同情心，不少家法族规都禁止族人借故出妻，如《湘阴狄氏家谱》规定如果族人因嫌贫爱富而勒令女儿与丈夫分离，或借故生事逼迫儿子休妻，宗族都将予以惩罚。即使是在理学家们"饿死事极小，失节事极大"的叫嚣声中，在社会将寡妇改嫁视同罪恶的情况下，也还是有些宗族对寡妇改嫁持宽容的态度。《丹阳厉氏族谱》在《宗祠规约》中承认守节原是难事，要求有关亲属尽快帮助不能守节的寡妇改嫁。针对当时存在的寡妇改嫁时夫家的亲属往往横加干预，特别是向她们勒索钱财的现象，《中湘周氏四修族谱》中指出，寡妇拖儿带女，改嫁是迫不得已的事，族内主婚之人如果向她们勒索钱财，"不惟不仁，亦甚无耻"，因此宗族一旦发现，不仅要迫令勒索之人将勒索的钱财归还原主，还要将勒索之人重罚，如果勒索之人不执行宗族的决定，就要将勒索之人送交官府，以勒骗罪论处。然而，在寡妇守节等敏感问题上能够有仁爱之心的家族并不是很多，在更多的家法族规中，我们能够看到的只是对这些不幸妇女的重重限制，有的家族不允许族人与寡妇的儿子交游，有的家族不允许寡妇与任何男子交往，还有的家族竟然不允许寡妇在夜里哭泣，更有些家族甚至在家法族规中大肆鼓励寡妇自杀殉夫。

■ **家法族规中的婚姻与立继**

在家法族规中，婚姻也是人们关注的焦点。处于宗族社会，婚姻并不仅仅是男女双方的事,由于婚姻事关家族血脉的延续、事关百世宗祧的传承,因此婚姻便成为了家族的大事。根据家法族规的规定,定亲须遵循一定的程序,即男女双方议亲,家长先要向房长、族长禀报,待房长、族长同意以后,还要再祭告祖先,所谓"男子订婚,女子许字,必谋于尊长,既决则告庙",只有经过这样的程序,定亲才能正式生效。结婚同样是家族行为。有的家族规定结婚必须要经族长同意,即使是童养媳也不例外。婚礼要在族长主持下进行,婚后三日,宗祠行礼是必不可少的。在古代,只有经过了家族认可的婚姻,新娘才能被列入家谱。

婚姻要得到家族的认可,首先必须符合家族对婚姻的规定。宋代以前,许多家族都强调"嫁女必须胜我家者,娶妇必须不若我家者",目的是确保新娘能够真心敬重公婆与丈夫。但宋代以后,很多家族都要求嫁女娶妇要门当户对,要求选择门第清白、温良有家教的人家互为婚姻。有的家族规定订婚时不得向婿家索要聘礼,不得因贪图对方钱财而缔结婚约,如果发现族人因贪图钱财或美色而与娼优隶卒等下贱之家联姻或将女儿卖给他人为妾者,家族都要进行干涉,还未嫁娶的要立即中止婚约,已经嫁娶的则将其家驱逐,以免败坏家族的声誉。

对于家族来说,婚姻最重要的目的是家族的血脉传承,因此,许多家族便以"重后嗣"为名,在家法族规中制定了族人当婚后无子时纳妾的规则。《醴邑、上湘、中湘乐氏四修支谱》中规定族人三十无子就应该纳妾，如果妻子因为妒忌伙同妻党阻挠纳妾，家族将出面要求择妻另娶。当然，也有的家族对纳妾比较慎重，如《毗陵徐氏家谱》规定只有四十无子，而且没有侄儿可做继子的族人，才可以纳妾。有的家族则明确反对已有子嗣的族人纳妾，认为仅为满足一己私欲而纳妾，不仅浪费钱财，而且会产生许多负面影响，如妻妾争宠、嫡庶之争等，更为严重的是，老夫少妾还容易导致不守妇德的事件发生，令家族蒙羞。

尽管有娶妻纳妾之规，但婚后无子的情况依然存在，于是，为了保持血脉的传承，立继便成为此时唯一的选择。为了避免在立继过程中出现家族内部的矛盾与外族乱宗的危险，许多家族针对立继问题都制定了较为详细的规定。

许多家族在立继时依然要求保持家族血缘系统的纯洁性，反对收养异姓为子，更反对立异姓继后，即使是甥舅之亲也不行。如《会稽顾氏宗谱》中就宣称："异姓不可以相承，犹马之不可

▲ 贾充像

继牛，桃之不可接李。今人不明此理，而以女婿外甥及他人之子为后，自甘绝于祖宗，罪莫甚焉。"西晋太宰贾充爵封鲁公，死后无嗣，其妻郭氏立外孙韩谧为孙，继承爵位。郎中令韩咸等认为这样做不合礼法，劝郭氏在宗族中择立后人，不能以异姓为后。郭氏不听，韩咸就上书朝廷，要求改正。郭氏也上书，称是遵照贾充遗命办的。最后晋武帝表态说，贾充是开国元勋，既然愿意立外孙为嗣，且外孙也可算是骨肉至亲，就允许吧，但别人不能以他为例，立异姓为后。这一事件表明，当时不仅舆论上不允许立异姓为后，政府对收养异姓事实上也是持反对态度的。

反对异姓入继的一大原因，是担心外姓乱宗。事实上，外姓乱宗的事情确实屡有发生。明代惠安骆氏曾发生过一起由养子所引发的混宗事件。骆必腾从河南迁居惠安时，带了黄、杨、朱三姓共四名仆人，后收一人为养子，允其姓骆。到明嘉靖年间，黄姓养子的后裔骆（黄）乾育从事海上贸易取得成功，成为了一方富翁。富裕起来的黄姓后裔不甘屈于养子的地位，于是出资修纂自家的《骆氏族谱》，称始祖骆必腾生有二子，长子天保，次子天佑，诡称自己是长子天保的后裔，而真正的骆氏后裔则被说成是次子天佑的后代，一下子将自己养子的身份跃居于正宗骆氏之上。骆（黄）乾育还利用自己的财富，广泛结交官府与地方士绅，收买地方乡邻和骆氏家族中的成员，部分族人还承认了骆（黄）乾育的族伯地位。由于这次混宗事件已经危及到骆氏家族的社会地位，骆氏家族在士绅骆日升的带领下与骆（黄）

乾育展开了一次辨宗的论争，并与骆（黄）乾育一支彻底决裂。至今两个家族还各以骆氏正宗自居，且各有家谱为证。骆氏混宗，只是地位、名望之争，对正宗一支的危害还不算太严重，但有些乱宗行为却伴随着血雨腥风，如孔族就曾因为伪孔乱宗而使得孔子后裔险遭灭绝之灾。

反对异姓入继的另一原因，则是财产的继承问题。如果立外姓人为继子，势必会造成家族财产流入他人之手，这会使觊觎这些财产的族人感到不满，引发矛盾。因此，许多家族都禁止择立外姓人为继子。由于没有儿子的家庭会让女儿招赘女婿入门，而赘婿则须改姓妻姓，子女也随母姓，因此很容易混入，许多家族都规定必须要在家谱中注明赘婿的真实情况，不允许他们及其后裔充任家族首领，不允许干预家族事务，在财产分割上也有歧视。至于螟蛉之子，也要在家谱上注明，以示区别。如《天津徐氏宗谱》中就规定："本族有抱养异姓之子及异姓之子随母改适本族而收为己子者，不得混列乱宗。"事实上，直到民国时，还有不少家族坚持不让外姓入继的人继承他们养父母的遗产。不过，几乎所有的家族都不反对族人成为外姓富裕家庭的继子，而且还在家谱中注明他们出继何处，为他们日后归宗提供证明。如天津徐氏宗族就规定，本族之人有出赘改姓、过继他姓及随母改嫁离开宗族的，都要登记在族谱中，以备日后归宗。

既然不允许立外姓人为继子，便只能在族人中选立继子了。立继分为"应继"和"爱继"两种，应继就是根据继承程序，按血缘关系的亲疏顺序从族人中挑选继子；而爱继则是立继者不考虑血缘亲疏顺序而从族人中挑选自己钟爱的子侄立为继子。各种家法族规都对立继制定出了一些具体的规定，如有的家族规定独子不得出继、长子不得出继，有的家族则规定50岁以上未娶者不得立嗣，有的家族规定以应继为主、爱继为辅等。一旦被立为富裕家庭的继子，就意味着能够获得大笔的财产，因此尽管继子是本族成员，也还是会使其他族人眼红。于是，有的家族就规定富有的家庭立继，需拿出部分家产作为家族的公产，实际上也就是让家族的每一个人都可以从立继中分到点好处。在实行爱继时，有的家族认为应该对血缘关系相对较近的应继者的利益有所照顾，让应继者也分到部分遗产，以免这些血缘关系相对较近的族人因感到不平而惹出事端来。

■ 家法族规中的惩戒措施

许多家族都十分重视对族人进行家法族规的宣传，往往要求子女从小就学习各种礼法，在各种特定的时期如举行象征成年的冠礼或婚礼时再进行相应的教育，而且日常朔望拜祠堂也要进行训诲子弟的仪式。有的家族在新媳妇进门时也要对她进行家法族规的教育，如浙江浦江义门郑氏就规定新媳妇进门先要接受半年的家规教育。有的家族考虑到族人中有许多是没有多少文化的，特地将家法族规写得合仄押韵，言简意赅，有的还加入了当时流行的谚语与俗语，其目的是使族中识字不多的人易于理解与背诵，即使是不识字的人也能听得懂、记得住。

然而，无论对家法族规的学习组织得多么完备，无论家法族规制定得多么通俗易懂，族人触犯家法族规的现象总是难以避免的。因此，在进行教化劝谕的同时，制定相应的惩罚条例，对触犯家法族规者实行多种形式的制裁便成为了家法族规的又一重要任务。浙江浦江义门郑氏在《郑氏规范》中规定："子孙赌博、无赖及一应违于礼法之事，家长度其不可容，会从罚拜以愧之，但年一长者，受三十拜。又不悛，则会众痛箠之，又不悛，则陈于官而绝之。仍告于祠堂，于宗图上削其名，三年能改者复之。"从《郑氏规范》中可以看到，家法族规所规定的对族人的惩罚是有多种方式的，可以根据不同的情况执行不同的惩罚。事实上，不同的家族所采用的惩罚方式各不相同，而受罚的行为也有各自的差异，同样的罪名在不同的家族所受的惩罚也有可能并不相同。不过，有一点是相同的，那就是家法族规惩罚的重点主要是那些对家庭、宗族产生严重危害的行为，具体地说，诸如不孝不悌、破坏祖坟、奸淫乱伦、偷盗抢劫、不务正业等行为都将受到家法族规的严罚。

家谱是家法族规重点保护的对象，几乎所有的家法族规都制定有保护家谱的规定，一旦违反这些规定，就会受到家法族规的严罚。当时，宗族每年都要举行会谱，也就是让领谱人将家谱带到宗祠验看，如有保护不周，便会受到处罚。如《沅江李氏族谱》就规定：族人如私自在家谱内添加文字，就要追谱改回，并罚钱两串四百文；在每五年查看时，家谱如发现有虫伤、鼠咬、霉烂及借出毁坏者，罚钱两串四百文。如果胆敢将家谱典当变卖，则将"群起而攻"，罚他们永远不得入祠。

祖坟因为是祖宗的"藏形之所"，又会对后世子孙的兴旺昌盛产生重大影响，因此也受到家法族规的重视，有的家族还专门列有《坟规》，对胆敢冒犯祖坟的人所给予的惩罚往往是最为严厉的。如《甬上卢氏敬睦堂宗谱》中就规定，凡在始祖以下坟茔帝隙地盗葬的族人，一律开除出宗族。《永兴张氏族谱》则规定如有人在祖坟附近挖煤，"打死勿论"。

此外，大到奸淫乱伦、偷盗抢劫，小到酒后失言，只要是违反了家法族规，都会受到相应的惩处。虽然不同家族的家法族规所制定的惩罚措施各不相同，颇为繁复，但综合起来看，大致可分为以下几类：

其一，是以精神惩治为主的惩罚措施。这类惩罚方法不损伤身体，也不涉及财物，主要是以羞辱等方法使受罚者接受教育。有的家族在宗祠中悬挂粉牌，将有过失者的姓名与过失写在粉牌上，通告全体族人。也有的家族在宗祠的神龛前设功过簿，将有过失者的劣行记录在案。有的家族则直接在家谱中记录有过失者的过失，或有意识地减少其记录内容，如葬地、生卒年月等，或使其名字缺笔少画，以显示其为有过失之人。有的家族则直接将有过失者的行为公布在公共场所。如江阴任氏就特制了一种题刻有"不孝之家"的匾额，凡家族内有不孝行为的子孙，就要其大门口悬挂，使族内、族外的人都能一目了然。有的家族将有过失者传唤到宗祠，由族长等当着祖宗和族长的面严加训斥。有的家族则让有过失者在宗祠内向年长族长叩头谢罪，如浦江郑氏就让初犯过失的族人向每位年长者叩拜三十次，意在羞辱犯过失者。而《交河李氏八修族谱》中则规定凡不论辈次尊卑、不遵家训、毁骂宗族的人，都要迫令他们到族内所有人家一一登门叩头，让这些人颜面扫地。还有的家族采用游街的方式惩罚有过失的族人，如《武陵郭氏续修族谱》中就规定凡族中赌徒都要"押的一境"。

其二，是以体罚为主的惩罚措施。这也是家法族规中使用最多、最典型的惩罚措施。罚跪在体罚中属于较轻的，一般受罚者在祠堂罚跪，在祖宗面前忏悔自己的过失，罚跪的时间则根据过失的严重程度而定，或一炷香，或数炷香。打手心也是较轻的体罚，一般用于对青少年的体罚，如《华亭顾氏宗谱》中就规定，对于逃学、说谎的学童要责打手心。掌嘴是家庭中使用较多的体罚，有的家族也将它列为惩罚措施，如《毗陵刘氏六修宗谱》中就规定，族人如果未经族内调解，擅自向官府告状，不论是非曲直，

▲ 戴枷图

先在祖宗神位前重责十掌。杖责是家法族规中较重的体罚方式，是用棍棒责打受罚者，也有的家族用皮鞭或荆条，杖责的数量从数下到数百下不等。当数量较多时，是很容易使受罚者的身体受到较大的伤害。《红楼梦》第三十三回"不肖种种大承笞挞"中，贾政痛打宝玉便是用的杖责，先是小厮打了十来下，后贾政又亲自打了十几下，宝玉便已经动弹不得，"面白气弱，底下穿着一条绿纱小衣，一片皆是血渍……由腿看至臀胫，或青或紫，或整或破，竟无点好处"，"脚上半段青紫，都有四指阔的僵痕高起来"。小厮们其实并不敢全力打宝玉，贾政虽然下得狠手，但他是文官出身，虽不说是手无缚鸡之力，力气却也有限，然而宝玉被打了三十余下便已经是这副样子，可见杖责的厉害。

有的家法族规中还使用戴枷号和礅锁作为体罚方式。枷号是让受罚者戴着大木枷站立在宗祠门口示众；礅锁与枷号相似，是给站立着的受罚者戴上锁链，锁链上拖挂有沉重的石礅。如果受刑时间较长，也很容易造成受罚者的身体伤害甚至是死亡。《宁乡熊氏续修族谱》将枷号作为最重的体罚，规定枷号时间分为一个月、二个月、三个月三等，族长如抽鸦片就枷号一个月，如不改悔则枷号三个月。共攻是一种兼有精神惩治和体罚的惩罚，许多宗族都有"鸣族共攻"的惩罚措施，也就是鸣鼓聚众，公开宣布受罚者的罪状，由族人共同加以谴责。但在共攻的过程中，实际上不免会拳脚相加，有时乱拳之下甚至还会有性命之虞。

其三，是以经济处罚为主的惩罚措施。罚银钱是家法族规中最常用的惩罚措施，如《虞东蒋山夏氏宗谱》中就规定，族人如在宗祠前的木栏上拴牛羊，罚钱四百；在宗祠内寄放竹木砖瓦等物，罚钱六百；在宗祠内堆放稻麦豆干等物，罚钱八百；在宗祠内放置犁耙车具等农具，罚钱一千；在宗祠内堆积肥料碱灰等物，罚钱一千二百；在宗祠内赌博，罚钱二千四百。也有些家族不是直接罚银钱，而是罚物，如罚买祭祖的香烛、供品，或罚请酒席，或罚请戏班唱戏等，其实也是经济处罚。如《余姚兰风魏氏宗谱》中就规定，凡未经宗族公断擅自告官兴讼的族人，不论是非曲直，先罚戏一台。经济处罚也有非常严厉的手段，如《湘阴狄氏家谱》中规定，对于为盗及窝窃分赃的族人实行拆毁房屋的惩罚，这样的惩罚使得受罚者马上便可陷入无家可归的困境。

其四，是以杀死有过失者为目的的惩罚措施，也就是死刑。俗话说，人命关天，执行死刑原本是政府司法部门的权限，宗族并没有这样的权力，因此宗族私刑处死族人实际上是一种非法行为。正因为如此，很少有宗族在家法族规中公开宣扬死刑的，但在实际生活中，许多宗族都按照约定俗成的规则对犯有严重过失的族人执行死刑。从记载死刑的家法族规的内容看，会被处以死刑的罪名主要集中在淫乱（一般只处死妇女）、偷盗、忤逆不孝、侵占祖坟等，执行死刑的手段有迫令自尽、勒死、合族共同打死、活埋、沉潭等。雍正年间，江西永新曾发生过一起命案。朱宁三是个惯窃，一次偷窃时被事主抓获，他的哥哥朱伦三卖了儿子为他抵偿。后来，朱宁三偷牛时再次被人抓获，气愤至极的朱伦三与侄儿朱三杰一起将朱宁三捆绑后淹死。案发后，刑部拟刑将朱伦三流放，朱三杰坐监。而雍正却表示反对，认为朱伦三杀死其弟是情不得已，朱三杰只是听从伯父之命，因此两人都应从宽免罪。处理了这一案件后，雍正进一步提出对怙恶不悛之人，除官府惩办外，如祠堂为清除族害，治以家法，虽致身死，也应该不必抵罪，并最终决定如果是合族公愤，用家法处死，当地方官审明，确有应死之罪，则仅处杀人的指挥者以杖刑，不必抵罪。雍正颁布的这一政策，使得宗族祠堂事实上拥有了不完全的处死族人的权力，其结果是清代宗族私刑杀人的案例不断。

有的宗族在私刑杀人时还会使用一些特殊的手段。据记载，清光绪六年（1880年）五月，湖北汉口的长江中漂下由粗绳索捆在一起的数块木板，板上有一面目姣好的少女，四肢都被铁环锁定。她身旁有钱三千文，右手边有饼饵一坛，胯下有一腐臭不堪的和尚秃头。板上插木为标，上书："此女金口人，年十九。僧年四十二。女死，则仁人君子取此钱买棺殓之；若其不死，则有饼饵可延期数日之命。见者不必救，救而收留之者，男盗女娼。"可见这是一件涉及淫乱的事件，不过这个宗族并没有将该女子沉潭或以其他方式直接处死，而是让她顺江漂下，虽有处死之心，但也给该女子留下了一丝生机。

其五，是以剥夺受罚人作为族人的权利为主的惩罚措施。这类惩罚措施主要是通过剥夺受罚人作为宗族成员权利的方法实施惩罚，可以剥夺的权利包括担任管理祭田、祠产的权利，担任宗长、房长的权利，主祭的权利，保管家谱的权利，在祠祭后领取胙肉的权利，领取义庄月米的权利，免费入宗族学校读书的权利等。这类惩罚最为严厉的是革谱和出族。革谱就是在家谱中消去受罚者的名字，这也意味着不再承认他们是宗族成员，因此革谱的同时族内的其他权利也都被剥夺了。出族与革谱往往是同义词，受出族之罚的人，不仅生时不许入祠，死后也不得入葬宗族的墓地。不过革谱和出族都还有革谱与永远革谱、出族与永远出族的区别。如果不是永远革谱或出族，只要浪子回头，就能重新恢复族籍。有些宗族还规定，即使是永远革谱，但只要儿孙有功于宗族则仍可以恢复其在家谱中的名字。受到革谱或出族惩罚的都是犯有最为严重的过失的，如《余姚兰风魏氏宗谱》中规定同姓为婚，以及弟娶孀嫂、兄收弟媳者，即要"革出族外，永不收复"。

还有一种惩罚，也可列入剥夺权利之列，那就是送官究治。送官究治大多是将受罚者开除出宗后所采取的措施，即便是没有开除出宗，实际上也剥夺了受罚人接受族内惩罚的权利。由于宗族以祠堂的名义将受罚者送交给官府，官府一般都会按照宗族的意见从严惩处。在湖北云梦睡虎地秦简的法律文书中，有两个案例：一是父亲控告儿子不孝，要求政府将其断足流放；二是父亲要求政府杀死不孝之子。从最后断案的情况看，政府完全支持了父亲的要求。而从后世送官究治的情况看，如果受罚者犯的是忤逆不孝、为匪为盗一类国法可处死刑的罪状，送官究治实际上已经判处了受罚者的死刑，只不过是由政府来执行罢了。

不过，尽管人们在家法族规中制定了许多严厉的惩罚措施，但同时也强调传统的中庸之道，要求族人相互之间要忍让。于成龙在《治家规范》中就指出："小不忍则乱大谋，忍得一分，受用一分。父子不忍，则乖天伦；兄弟不忍，则成吴越；夫妻不忍，则鱼水反目。"强调忍，就是要求讲忠恕之道。从这个意义上讲，家法族规也还是有弹性的。唐代张公艺九世同堂，皇帝到他家时问他如何能够做到九世同堂而家庭和睦，张公艺一言不发，挥笔写下了一百多个忍字，看得皇帝感叹不已。据说，后世人们奉张公艺为灶王爷，就是要让他把忍的精神带到千家万户，使家家都能够和和睦睦。

第二节　宗族家风教化与族人生活

　　祖先崇拜、慎终追远的观念是祭祖与宗族活动的精神核心，将族人凝聚在一起，组成团体；同样，在宗族团体形成后，又自觉地以此作为教育族人的思想准则，衍化成宗法伦理与宗族文化，影响族人的生活，稳固宗族内部的联系。儒家道德对中国传统社会的影响较为深远，其学说是希望通过修身、齐家、治国、平天下的努力，达到德治的"圣世"。齐家是修、齐、治、平中的关键步骤。齐家，自然要注意搞好家庭与宗族的治理，这就须重视以孝悌精神进行教化。所以，不但宗族自身重视对族人的教育与约束，社会也支持鼓励宗族的这种教育与约束活动。

■ 孝悌精神与宗法伦理

　　从皇家到民间的各种类型宗族，都重视对其族人进行人生观与世界观的教育，不但有族中尊长对子弟们的日常说教，又根据各个时代的社会需要和宗族教育的实践状况，编纂专门的书籍与读物，使宗族教育更系统、完整，给族人的思想和行动以更大的约束力。王族皇家最先重视撰写著作教育族人。我国最早的一部历史文件汇编《尚书》，追述和记录了商、周王朝统治者的演讲、谈话、命令与宣言等内容，其中的一些训诫之词，如周公对其兄弟们进行教诫勉励的"诰"词，也是一种家族教育之作。周公在劝诫康叔戒酒的《酒诰》中说："聪听祖考之彝训！"要晚辈认真听从父祖的日常教诲。北魏肃宗时，宗室任城王元澄曾进呈《皇诰宗训》，希望当政的胡太后看了能有所警戒，少干预政治。后来，北魏分成西魏与东魏，西魏文帝曾以家人之礼召见皇族诸王，将御书的《宗诫十条》赐给各王。清王朝非常重视皇族子弟的教育，雍正帝和他的兄弟们追记父皇康熙帝生前的教诲，编辑成《庭训格言》一书，作为清朝皇室的家法。

与皇家一样，官民宗族也制定宗规家训，加强对族人的教育与约束。家族教育专著的大批出现，是从魏晋南北朝时开始的，士族宗族重视礼教治家，讲求教子的方式方法，以保持门第、家风的长久不衰。他们用心于家诫、家训著作的写作。如魏晋时王肃著《家诫》，杜恕撰《家世诫》，嵇康也著《家诫》，刘宋王朝颜延之作《庭诰》，洋洋万言。北齐人颜之推以"务先王之道，绍家世之业"为目的，写作《颜氏家训》一书，成为古代家庭与宗族教育的范本。唐代柳育龙纂《柳氏家训》，宋朝司马光编辑《家范》，陆游著《放翁家训》，袁采撰《袁氏世范》，元人郑太和著《郑氏规范》。明清时期撰著更多，如杨继盛的《椒山遗嘱》，庞尚鹏的《庞氏家训》，姚舜牧的《药言》，蒋伊的《蒋氏家训》，汪辉祖的《双节堂庸训》，张英的《聪训斋语》《恒产琐言》，陈宏谋辑《五种遗规》等，而曾国藩的《曾文正公家书》以书信教育子弟具有系统性和目的性，也被人们视为全面的家训著作。

宋以后，由于宗族组织的民众化及祠堂的发展，使家训著作的写作越来越通俗化，比之以前更易读易懂了。不但官僚、文士重视家训著作，而且平民宗族也非常重视，他们仿效名人的家训著作，制定本族的各种宗规族诫，收录在族谱内或者置于祠堂之中，让族人阅读遵行。这类著作不但有说教的内容，而且比专门的家训著作更为简明扼要，并带有宗族私法的性质。

宗族对族人的教育与规范，涉及到人们生活的方方面面，最主要的则集中于忠孝、勤业、做人等诸方面。

1. 敬祖孝亲，睦族友爱

曹魏时人王昶曾教诫子侄们说："夫孝敬仁义，百行之首。行之而乃立，身之本也。孝敬则宗族安之，仁义则乡党助之。此行成于内，名著于外者矣"（《三国志·魏书·王昶传》）。将孝道摆在了百行之首。我们前面已说过，孝道表现为对祖先的祭祀，对父母生时的敬养与死后安葬。此外，还有一条就是对族人的和睦，族人虽然血缘关系远一些，但毕竟是祖先的遗胤。宗族安定了，祖先才能"心安"。强调孝道，即孝敬、孝悌精神，在宗族的教育中是最为常见的。宗族重视祭祖活动，自然也重视向族人进行尊祖教育。如清代流行极广的《朱柏庐治家格言》中就说："祖宗虽远，祭祀不可不诚。"孝亲、睦族，则是处理家庭、宗族内关系的人伦规范。王祥是古代有名的大孝子，"卧冰求鲤"的故事讲的就是他。他教导子孙要以孝悌为立身之本，他说："扬名显亲，孝之至也；兄弟怡怡，宗族欣欣，悌之至也"（《晋书·王祥列传》）。孝讲怎样对待父母，但孝又有大小之分。

▲ 洪秀全像

对父母能养能敬，是为小孝；自身修行扬名，以此来显扬父母养育、教诲恩德，是为大孝。悌是讲兄弟、族人间要和睦融洽，要能谦让互助。清代洪秀全家族的祖训第一条就是讲孝亲睦族："一谕族人，子必孝亲，弟必敬兄，幼必顺长，卑必承尊，处宗族以和恭为先，处乡党以忠厚为本，凡我族人，尚其勉诸。"第七条又说："宗族与吾固有疏远，然吾祖宗视之，则均是子孙，无亲疏也"（《洪氏宗谱·原谱》）。

孝道教育重视溯本求源和人伦亲情，使后辈们感悟祖先的业绩与遗德，知道怎样善待父母、兄弟、宗族及乡邻，由此产生光宗耀祖、扬名显亲、族人互助的观念，这些都成为了宗族文化的特征之一。

2. 忠君守法，完纳国赋

孝是讲家族内人伦关系的规范，忠的观念则是将这种规范的原则扩延到社会，也就是古人常说的"移孝作忠"。孝与忠的教育常常联系在一起。忠的观念最初包括在"孝"的观念之中。《孝经》上说："夫孝，始于事亲，中于事君，终于立身。"为忠于旧主建文帝而殉节的方孝孺说："国之本，臣是也；家之本，子孙是也。忠信礼让根于性，化于习。欲其子孙之善而不知教，自弃其家也"(《逊志斋集·侯城杂诫》)。他将忠信视为教育子孙的根本。对于大多数普通人家来说，忠君主要是表现在教育族人遵守国法、完纳国赋方面。清代江苏《毗陵修善里胡氏宗谱》中所载《祖训》说："赋税宜依期输纳，差徭合依理承认。"是要族人做朝廷的良民。

3. 耕读传家，克勤克俭

传统社会以农业立国，聚族而居的宗族最初又植根于自然经济的土壤。宗族的教育受到以农为本观念的支配。不少族谱中都载有农家生业的经验之谈，从教授子孙。明代江苏华亭人宋诩在《宋氏家要部·理家之要》中详列了农、林、畜、副、渔等34项内容，面面俱到，均为居家务农生产生活的要领。即便是为官读书之家，家长也常要子弟们懂得农业生产，知道盘中餐来之于辛苦，培养忠厚勤俭的作风。明代官僚霍韬在他手订的《家训》中强调子弟要学习农作，"幼事农业，则习恒敦实，不生邪心。幼事农业，力涉勤苦，能兴起善心，以免于罪戾"(《霍渭厓家训》)。农本传家，最重勤俭。勤，指劳作上的勤奋和不断的进取精神；俭，指用财上的节俭和生活中的淡泊习惯。对于子孙来说，勤可以成业，俭可以养德；对于家族来说，勤可以丰家，俭可以长久。所以，明朝人姚舜牧在《药言》中说："居家切要，在勤俭二字。"

4. 重学明理，谨言慎交

各族宗规家诫，无不谆谆劝谕子弟读书，这是为了子弟能出仕为官，更是为了子弟能增益修养、明白事理，做正人君子。《嘉兴谭氏家谱》卷二有《资政公家约》，分为立身、正家、睦族、读书四则，令族人遵行。其中"读书"条云：

子弟无论智愚，不可不教以读书。四书经史皆可以间其邪心，而兴其善念。读之而成名，固可为佳士；即不能成名，亦须使其粗知义理，而不至入于下流。

谭氏教子弟读书，并不非要让他们做学问当官，就是务农、为工、为商，也不能不学无术，以免沦为下流一等人。很多宗族将族人的文化素养视为本族兴旺长久的根本，读书不只是族人个人的事，宗族甚至会以种种约束来强迫读书。如《即墨杨氏家乘·家法》中就规定：子弟文理不就不能自立者，不许参与户外之事，除了亲戚家外不许往外姓家赴会，不许在家设宴招待宾客。杨氏子弟七岁时一般要入家塾读书，并且要将此事祭告家庙祖先，作为一件非常郑重的家族大事。

重视读书的风气，又常与农家的朴实风气结合起来，造就成耕读传家的风气，这被人们视为最理想的遗惠后代的家法。左宗棠为家族祠堂撰写的对联是："纵读数千卷奇书无实行不为识字，要守六百年家法有善策还是耕田"（《左文襄公集·联语》），以此告诫族人要真正懂得耕读传家的精神。

东汉伏波将军马援有诫侄书，特别强调"慎言"，被后人称为"伏波家法"，纷纷加以仿效。慎言之诫在各类宗规、家训中是最为常见的。三国时人王昶作《家诫》，他说马援慎言之诫，可为至理名言，并进一步认为不但自己不能轻言他人长短，而且还要正确对待别人对自己的议论，不要以牙还牙，褒贬相报，要如民谚所说的那样——"救寒莫如重裘，止谤莫如自修"，要谦逊，反省自己。他说：

人或毁己，当退而求之于身，若己有可毁之行，则彼言当矣；若己无可毁之行，则彼言妄矣。当则无怨于彼，妄则无害于身，又何反报焉？且闻人毁己而忿者，恶丑声之加人也，人报者滋甚，不如默而自修己也（《三国志·魏书·王昶传》）。

古人早就有"三缄其口"的慎言之诫，此话虽有些明哲保身的味道，但是信口雌黄、轻言他人善恶确实是缺乏修养的表现，也容易给人带来不必要的麻烦。另外，在古代封建君主专制主义的时代，轻言政治得失也容易给自身和家庭招来灾祸，所谓"祸从口出"是也。明清时期的很多宗规、家训中多载有禁止族人谈论国事的禁条，如河北任丘边氏家训中就规定："禁谈县父母得失，招祸在此，且失忠厚之道。禁不许谈朝廷政事，道听途说，是无涵养之人也"（《任丘边氏族谱·一经堂家训》）。这样的说教虽然有一定道理，但往往会使子弟形成事不关己、明哲保身的消极心理，而只顾家事，不问国事，于民族十国家都不利。

除了言语上要谨慎外，交往上也要谨慎。孔子曾说："益者三友，损者三友。友直,友谅,友多闻,益矣。友便辟,友善柔,友便佞,损矣"(《论语·季氏》)。在很多家训中,都将孔子此论用来教诲宗族子弟要慎交游,如明朝人宋诩在其所定家规中的"朋友"一条中就强调要交有道义的益友:

同门为朋,合志为友。惟以义处而以信结为深交者,斯其成五伦之不足也。不能忠告善道,亦何交之?有能知有益有损,则便辟善柔便佞之徒远,而直谅多闻之士至矣(《宋氏家要部·正家之要》)。

损友善逢迎,似近人情,容易亲近,但不长远;益友耿介,不易亲近,但能长久。要能区分损益之友而做到远近有别。

■ 族产与睦族

强调和睦族人,一方面要树立孝悌精神,另一方面,也是更为重要的物质方面,即要有宗族活动的公共经济,形成一种较为固定的族人间的互助形式,这样睦族才不会流于心愿口说。同时,宗族的各种活动也需要有宗族的公有财产作为基础。

在同宗共财收族的典型宗法制被破坏以后,到了汉代,随着宗族制的恢复,人们常常自发地做些赞助族人的事情,但却没有固定的族产。这种族内的互助有两种形式。其一是由族中尊长出面纠合族人各家出钱凑份子的方式,大家集散财于一起用于宗族事务,如祭祖、聚会、丧嫁及赈助穷困族人。东汉崔寔的《四民月令》中记载族内的经济互助措施是:每年在三月青黄不接时,要赈济匮乏之家,先从亲近者开始,再至全族。至九月天气始凉之际,又要慰问那些孤寡老病不能自存的族人,帮助他们度过寒冬。十月要开展帮助那些久丧不能葬之家料理丧事的活动。在这些活动中,所需资财有的就是"纠合宗人,共兴举之,以亲疏贫富为差,正心平敛"的。而族中互助的另一种形式,是一些宗族意识较强且富有或做官的宗人或宗族长,将自己的资财捐给宗族及救济族中穷人,有的是量力而行,有的则是倾家捐献。西汉华阴人杨恽,是司马迁的外孙,受封平通侯,其将父亲留给他的500万遗产全部分给了同宗族人,后来又得到千余万财物,又全部分施给了族人(《汉书·杨恽传》)。东汉末颍川人刘翊,不出仕,家产丰

▲ 范氏义庄遗址

厚，好赈贫，同宗、乡邻死亡不能安葬的帮助营葬，鳏夫穷得不能再娶的帮助完婚（《后汉书·刘翊列传》）。这宗族内部两种形式的通财互助活动，是临时性的和救急性的，财产随聚随散，形式因时因事而定，没有出现固定的宗族公有经济。

作为正规化的义庄制宗族公有经济，还包括族田、祭田、学田等形式的族产，出现于士族宗族消亡后的北宋时期。官僚宗族的重要活动之一就是建设义庄，而最早设立的义庄则是宋代范仲淹创办的范氏义庄。义庄帮助族人的方式及其本身的管理办法，又分为两种类型：一种是范氏义庄型的，负担所有族人最基本的生活，另一种是主要负责周济贫困族人的生活。而绝大多数的义庄属于后一种类型。

范氏义庄开办时有1000多亩土地，后又陆续增值产业，到清代时已多达5300亩，义庄的土地租给外姓人耕种，以地租收入供给族人的生活。范仲淹在创办之初就制定了义庄管理和分配章程，又经后人不断增定条例，形成了完善的制度。义庄给所有在苏州原籍的族人都提供生活补贴，不分贫富，也不论其本身有无收入，一概发放，只是在外地做官的人不能领取。发放的钱物与项目有：口粮（按月发）、衣料（按年给）、婚嫁费、丧葬费、科举费。另外，还有房屋项目（义庄备有义宅借给族人居住）及借贷项目。各项支给数额按正常年景预算，如遇灾荒年成，收入减少，义庄则会动用存粮发放口粮，而其他供应则不能实现。按正常年景发放，范氏族人的衣食住及婚丧用度无须烦神，基本生活有了保障。

范氏义庄有一套完整严格的管理制度与章程。义庄的管理人有着明确的职责、权利和义务规定，其处理义庄事务不受他人干扰，包括族中尊长的指手画脚也可不予理睬；其自身的工作也受到族人的监督，有一套奖惩措施。义庄如遇到大的事情，或者族人之间有了大的纠纷，都要到范仲淹神位前判断是非曲直。义庄有规矩可循的事按章办理，没有订出章程的，管事人员与族人会共同协商出一个意见，待报告过范仲淹神位并取得其直系后裔的同意后方可生效。义庄的田地不许族人承租，义庄也不承买族人田地，以免宗族在利益上发生争执时不好处理，伤了和气。义庄也给族人定了很多规矩，防范族人侵犯义庄财产，违反者会罚没时间不等的月粮，情节严重的将送官究治。范氏义庄对于贫穷的姻亲，在他们遇到临时困难或者灾年歉收时，酌情给予资助。

范氏义庄由于管理完善，所以克服一个个难关而维持了近千年之久。这里还要指出的是，其还向全部族人开放，全部会给予赡养，有效法先秦典型宗族制时代大宗收族之举的精神，反映了义庄创建初期创建人想全盘恢复古代宗法制的观念。而后世义庄大都不这样做了，主要目的在于赈济族中的老弱贫困族人，属于族内的慈善组织，华亭张氏义庄就是如此。

松江华亭张氏义庄，设立于清朝雍正年间，由内阁学士、礼部侍郎张照建立，他捐出祖产1000亩土地作为合族公产，其收入赡养同宗。它的施赈范围以族人为主，张照祖父张淇五世孙以下服尽的裔孙也包括在内。它和范氏义庄不同的是，并不是每一个族人都可以领取财物。它按族人的家产计算，每人若有八九亩田，其收入尚可以度日则不能支领。家有多少田，相应减少口粮，或者少领其他财物。义庄的原则是给贫困族人解决生计困难；对鳏寡孤独则放宽条件，予以赡养，鼓励寡妇守节。张氏义庄所发放的钱粮，与范氏义庄大体相同，即逐房计口给米。

综观范氏、张氏义庄，不难发现，义庄赈恤族人的范围较广，包括建义庄者出了五服的族人。建庄者多是官僚巨富，子孙也会较富有，故而设立义庄主要是为了赡养远房族人，并且将此举制度化，这同临时抚恤族人的义行迥然有别。义庄的建立，表明宗族规模扩大了，宗族再想维持，光靠个别族人临时临事散赈不行，需要有它的公共经济，作为它的形式之一的义庄的出现，就不是偶然的事情了。宋代义庄出现以后，宗族的公有经济常见的有三类形式，除了义庄外，还有祭田与学田。

祭田，又称祀田、烝尝田。主要用于祭祀祖先的活动，有多余的收入分配给族人。相当数量的宗族拥有祭田，但数量不等，少则一二亩，多则数百亩。祭田的数量一般要比义庄田地的数量少，但它的设置要比义庄普遍，所以社会上祭田的数量相当可观。祭田的来源，有的是个人捐助，还有不少是众人共同捐助的。南宋大理学家朱熹在《家礼》一书中曾提出，建立祠堂应备有祭田，应由被供奉祖先的子孙从现有土地中抽出二十分之一，捐赠为祭田。后世祭田的设置受朱熹这种设想的影响仍旧很大。

学田，又称书田，是宗族学塾所有的田，多系宗族特设的产业。有义庄的宗族常将族学附设于义庄。学田的收入，用作聘请教师和学生的生活、考试等费用。

祭田、书田、义庄田，统称为义田或族田，三者的用途各有侧重，但有时也并不严格，它们都是宗族的公有财产。尽管其来源多由官、绅士、富户及一般族人捐献，管理人中有不少是衿士及富商，但其毕竟不属于原主人，而是宗族的公有财产，使用于宗族公共事务。宗族搞族田，是为了团结族人，帮助族人谋生和培养宗族人才，以壮大宗族自身。

按照儒家的理想与宗子宗法制的精神，西周分封制下的井田中有公田，大宗分封，给小宗以土地，使小宗及族人团聚于大宗周围，这就是所谓的"收族"。分封制与大小宗法制被破坏后，这种"同宗共财"的宗族所有制已行不通了，但它的观念仍影响着人们。西汉以后，常有宗族内部无定制的通财现象与族人的捐助活动，这成为了宗族公有经济的过渡形式。自北宋义庄出现后，族田又成为制度化的宗族公有经济形式，它使宗族在新的条件下有了活动的经济基础，产生了凝聚力，恢复了上古"收族"团聚族人的作用。北宋以降，族田的发展还有一个重要原因，那就是中古士族地主庄园土地制度被破坏以后，"贫富无定势，田宅无定主"的土地兼并现象非常严重（袁采《袁氏世范》卷三），若想保持家族产业不败落，莫如建置宗族族田更为长久。族田是集体财产，都有不许族人侵夺盗卖的自我保护措施，而且官方也明令确保宗族公有财产不可侵犯。而范氏义庄建立后，即向政府备案，请求保护。政府对此也会全力支持。清代规定：盗卖义庄田十五亩以上者，要"问发充军，田产收回，卖价入官。不及前数者，即照盗卖官田律治罪"（见民国《吴县志·义庄》所载官府发给吴县周姓义庄的执贴）。对盗卖族田的定罪会很重。政府另一项保护族田的措施是国家不予没收。政府对罪犯有"籍没"的处刑，即没收一切家产，但族田是不在此范围内的。《红楼梦》第十三回中秦可卿托梦告诉凤姐：要赶着今日富贵，在祖茔附近多置祭祀田产，并将家塾也迁到此，"便是有罪，己物可以入官，这祭祀产业，连官也不入的。便败落下来，子孙回家读书务农，也有个退步"。秦氏所言，是符合清代的实际情况的。这样，有了族田作为经济基础，宗族便会长久不衰。

■ 族学与宗族教育

以义庄田赈济维持族人的生活，是侧重对于族人的赡养；而族学的设立，则是偏重对于族人的教育。宗族的教育，除了宗规家训的伦理道德教化外，还有文化知识的教育。不少宗族都认识到，要想使自身光大持久，提高本族的社会地位，族人的文化素养是非常重要的事情，所以宗族要设立学田，或从族田中划出部分固定收入，支持族人子弟到村学就学，或者创办宗族自身的学校进行教育。在古代教育中，学校教育并不发达、普及，家族的教育占有重要的位置，而家教常会落实到宗族教育中。

先秦时期的官学与族学是合二为一的，天子设立王学，诸侯建立簧官，让王族、公族及其他姓的贵族子弟入学学习。这时的官学虽然带有家族学校的性质，但主要还属于贵族学校，学生并不是完全来自一个家族。而私学的发展与宗法分封制的瓦解，打破了贵族垄断学校教育的局面，官学也逐步摆脱了家族的性质。秦汉以后，私人学校与带有平民性质的宗族教育开始结合在一起。如《四民月令》就记载了东汉时地主家族庄园中办学校的情况：正月，命族中15～20岁的"成童"子弟入学攻读《五经》；开春冰释时节，命15岁以下"幼童"子弟入学学习《苍颉篇》《急就章》等课本；八月暑退时节，幼童再入学；十月农事完毕后，成童再入学，学习内容同以前的都一样；十一月封冻之时，幼童入学除了学以上课本外，还要初步学习《孝经》《论语》等儒家经典。这种族学是季节性与临时性的，或在冬闲时，或在农忙后。又如东汉陈留人仇览热心于宗族教育之事，每年农忙后都会组织本族少年子弟到本地的学校中学习，相聚在一起过集体生活，游手厌学的则要罚以田桑劳役（《后汉书·仇览列传》）。魏晋南北朝时期，天下战乱，官学废弛，私学难兴，而家族教育却发达起来，文化教育垄断于士族宗族或文化世家手中。不过，专门的学校形式的宗族教育尚不多见，因为缺乏固定的宗族公共经济来维持办学的经费。两宋以来，由于族田、义庄的出现，以其中部分收入或划出专门的学田用于族人的教育，使得宗族义学有了必要的经济基础，宗族的教育作用显得越来越突出。

宗族学校称为义学、义塾、家塾,它与一般私塾的不同之处是入学者大多是本族子弟,由宗族提供助学金费用,外姓来学附读者一般要有特殊原因。塾师有的是由本族中文化高与品行好的人充任,有的则是从外姓中聘请。族学学生一般从7岁开始入学,大体和普通学塾一样,按"小学"与"大学"阶段的学习分成两级,15岁以前的"小学"阶段以识字读书的启蒙教育为主,学习如《三字经》《百家姓》《千字文》《神童诗》以及朱熹的《小学》《朱柏庐治家格言》等蒙幼读物与教材;以后再初步学习四书五经的儒家经典,教给儿童掌握日常知识与基本的读书能力,树立起儒家的伦理道德与纲常名教观念。学中子弟成绩优异者,到了十五六岁后就可以参加考秀才的进学考试了;同时也会开始族学中第二级"大学"阶段的学习,再深入研读儒家经典,考取举人、进士,取得功名,这是族学兴办的重要目的之一。但能够考取的毕竟是少数,大部分人还要转向务农或从事其他生业,所以族学以第一级小学的启蒙教育为主。

宗族义学办学大体有两种经济来源,一种是固定的学田收入或者是靠义庄田中的部分固定收入维持。如元朝末年建松江华亭邵氏义塾,有胥浦、风泾、仙山三乡田地200多亩作为学田(《大明一统志·松江府》)。又如浙江鄞县的一些义学多是靠义庄的收入维持,屠氏的乔荫堂义庄附设义塾两所,杨氏义庄建棠荫义塾,吴氏义庄有槐里义塾,徐氏固本义庄的家塾叫敦本义学、崇本书院,蔡氏树德堂义庄也设敦本义塾，朱氏义庄设真吾义塾（民国《鄞县通志·政教志》）。而另外一种，助学的经费是不固定的，来自于族中官宦或富有人家的捐助，这种事例向来是很多的。

宗族之所以乐于拿出田产资财来兴办学校，是因为文化教育与宗族的兴旺关系密切。中古时代门阀士族的兴起与其文化渊源和儒教门风是分不开的。宋元以后，没有了士族，宗族组织的长久发达又是以宗族教育为根基的。一些宗族源远流长，号称"望族"，世泽绵延所依靠的主要不是族人显赫的武功或者辉煌的仕宦业绩，而是科举功名的发达。所以，宗族视族人文化素养的提高与科举功名的发达为自身兴旺的根本。前面说过，明清时代衿士成为了一种重要的社会力量，宗族也常常控制在他们与乡绅的手中，这些人多是经过科举的，他们对于办学很有兴趣。一般族人中如能出现科举人才，也可以提高自家在宗族中的地位，族中考取功名的人多了，又可以提高全族在地方上的声望，所以多数族人对办族学都会很重视。《毗陵庄氏族谱》所载《鹤坡公家训》说："待师之礼尤宜忠敬，忠敬积于中，礼币隆于外，

▲ 朱熹像

然后可望其子成立矣。"强调族人应尊师，不但要重礼聘请，而且要待以忠敬之心。《慈溪师桥沈氏宗谱》所载《设教约说》申明族人要重视子弟的文化教育："约我族人子孙，七岁则入塾以教之，切莫悭修护短，有失设教之礼，而贻面墙之讥，是不爱子也。古云有子不教子孙愚，又曰人不通古今，牛马而襟裾，是教为王道之本也，族人其勉之！"

■ 戒规与家法种种

宗族对于族人不但通过学校进行教化，还会惩罚管教的手段，即规定族人必须要遵守而不得违犯的戒条及相应的家法惩治措施。这两者可以说是管理族人的文武之道，一张一弛。宗族的戒规与家法到宋元以后的祠堂宗族制下更为规范与系统。族权的意志主要会通过它表现出来。宗族的戒规涉及到了族人生活的方方面面，主要包括：

不得侵犯祠堂、宗族及个人财产的戒条。范氏义庄建立后所定的《义庄规矩》就有保护义庄财产的许多规定，事条有：不许偷砍祖坟及附近的竹木柴薪，不得到坟山放羊，禁止侵犯范仲淹所创立的天平功德寺产业，不准以他人名义租种义庄田地，不得占据或会聚义仓，不得以义宅屋舍私相兑货质当。有犯者，视情节轻重处以罚米直至送官究治的惩罚。清代江阴袁氏严禁盗卖宗祠田产，规定"族人如有盗卖祠田，一经查出，除勒令备价赎还外，公同家法治处"（《澄江袁氏宗谱·祠规》）。还有一些宗族规定了惩处盗窃族人田土生业、物产的办法。

对于族人职业的戒条。职业在古代社会有着等级差别，关乎宗族的社会地位，因而宗族禁止从事被社会歧视的行当，如娼妓优伶、胥吏衙役、奴仆走卒、僧道巫觋，人们认为这是贱民的行业。江阴袁氏不许族人做奴仆，益阳熊氏禁止族人做巫师、胥吏，南皮侯氏宗族不许族人为书吏，违犯者逐出宗祠，不承认他的族人资格。

对于族人生活方式的戒律。族人的生活方式、文化娱乐不能自行其是，也要受宗族的管束。对此武进修善里胡氏宗族的《家诫》戒规较为详细，兹录出为例：勿阅淫邪小说，勿唱曲吹弹，勿笼禽鸟、养蟋蟀、放风鸢，勿学拳棒，勿许妇女平居涂脂敷粉、穿绫曳绢，勿掷色斗牌，勿吃洋烟，勿食牛犬田鸡，勿衣服好丽、器皿求工，勿信师巫邪术，勿容三姑六婆时常出入，勿抛弃五谷。戒条有的是合理的，但多数却是限制人的个性发展与生活方式多样化的。

对于族人社交的戒条。宗规家训中多有"慎交游"的教导，告诫子弟要交益友、远损友，严禁结交"匪类"，参加秘密社团。如《平江叶氏族谱》中所载《宗约》就规定："不可左道惑人，结盟会匪。"与此同时，武进胡氏宗族有"勿交匪类"的家诫（《毗陵修善里胡氏宗谱》），同县吴氏宗规有"戒窝藏来历不明者，察出必究"（《毗陵薛墅吴氏族谱》）。

不得擅自告官的戒条。祠堂将族众纠纷的解决控制在祠堂范围内，要由族长合众去解决，不许擅自告官。如武进王氏就规定：族人争执，若非经祠堂处断而先行告官,要在神位前罚跪,并置办一桌酒席赔礼(《晋陵王氏宗谱·凡例》)。只有宗族解决不了的大案,才许族人告官。祠堂要求族人先受宗规约束,然后才是朝廷法律。宗族的戒条还有很多,如关于族人婚丧的戒条等,在此不再详述。

为了保障戒条的实施,对违犯纲常伦理的族人要施行处罚,宗族以族规的形式定出了相应的惩治办法,这种宗族家法主要是仿照国家的刑法而制订的。其形式多种多样,大致可分为以下几类:

罚银钱、酒席。属经济制裁,内容是缴纳银钱若干,或者处罚犯事者在祠堂摆酒席赔礼认错。这是较轻也较常见的处罚。

体罚。罚跪、打板子是祠堂宗族制下常用的处分,很多宗规家法中都有这样的条文,如《霍渭压家训》中就规定:族人"轻罪初犯,责十板,再犯二十,三犯三十"。

▲ 雍正像

记过。记下过失,作为警告,使族众知晓,是一种精神惩治。

捆绑。对犯事情节严重的人,绑在祠堂门前示众。这是肉体与精神的双重处分,是仿效官府枷号示众之刑。

开除出宗。将族人开除

族籍是严厉的惩罚方式之一。除籍方式最早是在皇族与贵戚宗族中实行的,后来民间宗族也效法了这种做法,将不肖悖逆的族人开除出宗。有罪的皇族与贵戚宗族成员被开除宗籍,免为庶人,他就不能再享有各种特权了,不能援引"议亲"的条例减免刑罚;平民中被开除出族的人,他就失去了受宗族保护和帮助的权利,而这种帮助与保护在聚族而居的村社生活中是非常重要的。

贬改姓名。这种处罚只在皇族家法中实行,与开除宗籍的措施相联系。对于那些叛逆的皇族成员,除了将其清除出皇族外,甚至不能让他及子孙与皇族同姓。齐武帝时,巴东郡王萧子响谋乱被赐死,大臣上奏开除其皇族属籍,改姓为蛸氏。蛸与萧同音,是一种昆虫。武则天专权时,李唐皇族成员韩王李元嘉、鲁王李灵夔等密谋起兵反抗,被武则天发觉,逼令自杀,改其姓为虺,是一种毒蛇的名字。除了改姓外,有时还要改名。如清朝雍正帝为了惩罚曾与其争夺帝位的八弟、九弟,将他们改名为"阿其那"和"塞思黑",大约是猪狗一类的贱名。

送官究治。在开除出宗的同时,以祠堂名义将犯事者送交官府立案惩办,官府常会尊重宗族的意见,从严治罪。

打死、活埋、沉潭。这是最严酷的惩罚,只在宗法制严密的时期或地区实行。这种酷刑多是依约定俗成的法则执行的,不过宗族的这种权力往往为官府所不允许,因为它侵夺了国家的司法权。

传统家族文化的内涵

传统家族文化的内涵有以下四个方面。

为家族而活的人生观。"光宗耀祖"的话,今天偶尔能在事业有成者的口中吐出,他们自云努力向前,是为"出人头地,光宗耀祖"。而这样的话,在古人那里则是口头禅,人们做事业,历艰辛,都有一个目标,那就是光大门楣,为祖宗争光,为家族争光。而家族也以此期待于族人,看到有培养前途的少年,长辈辄言:"此吾家之宝驹也,兴旺发达即在此子。"遂用家族的集体力量,予以特殊的培养,胡适的父亲胡传就是获得了这样的待遇,免去走商店学徒的人生之路,从而求学出仕的。他也以此回报家族,在太平天国战争中该族祠堂被毁,他乃殚精竭虑,克服种种困难,重建宗祠,保持了胡氏家族的声誉。古代人们的为家族争光,表现在科举时代,中举人、进士者,返乡要拜祠堂,为宗祠立旗杆,或向家族捐献田产,以壮大家族的实力。皇帝及地方政府也会因某人的业绩或义行,奖予匾额,家族将它悬挂在祠堂,引为殊荣。品官有家庙祭祀制度,成为法定的望族,何其荣耀。

尊祖敬宗睦族的团体意识。"尊祖敬宗睦族""敦宗睦族"是宗族史文献中常见的词语。尊祖,是讲究对祖宗的崇敬与祭祀。祭祖,是表示"水源木本"之思,"慎终追远"之意。"我从哪里来?"是祖宗的遗胤,为先人所赐,所以要溯源报本,对祖先永远保持敬重之心,进行永久的纪念——常备不懈的祭祀。如果能够做到,世人以为是宗族兴旺的表征,所谓"月旦以叙彝伦,荐时食,于春秋以隆祭典,斯称大体,方为望族"。"敬宗"的"宗"是什么意思?涉及宗族的概念,东汉人班固执笔的《白虎通》就讲了"族"与"宗"的关系,即族是有血缘关系的人的自然聚合,而能不能凝聚为一个有组织的团体则不一定,还要有其他条件，这就涉及到了"宗"，对此班固写道："宗者何谓也？宗者尊也。为先祖主者，宗人之所尊也。礼曰：宗人将有事，族人皆侍。古代所以宗必有祠何也？所以长和睦也。大宗能率小宗，小宗能率群弟，通其有无，所以纪理族人者也。"宗主管先祖"主"的木主，即祖先存在的标志——神牌，说白了，就是主持家族的祭祀，而且只有他才有祭祀始祖的权力，并率领族人祭祖。因此，用今天的话来说，宗是宗族组织的管理人，其代表人物在上古是宗子，后世是族长。敬宗是尊重宗子的权威，服从他的管理，认同他所代表的组织——宗族。所以说，敬宗、敦宗的含义，首先是族人以宗族为自己的组织，其次是认同宗族的代表宗子、族长为领导人，由他们带领自己实现尊祖祭祖的愿望。一句话，敬宗、敦宗是宗族团体意识。而至于睦族，则是讲处理好族人之间的关系，维护宗族的团结与合作，使宗族长存，是尊祖敬宗的必要内容。所以说，尊祖、敬宗、睦族三者，尊祖是目标，也是出发点，敬宗、睦族是实现目标的条件，是在尊祖的旗帜下实现家族的团结，达到收族的结果。就中敬宗是关键之所在，如果没有族长，族人之间虽有血缘关系，并不能形成家族组织，家族就不可能举行大规模的祭祀祖先的活动，在社会上就会默默无闻，怎么能够成为望族？家族成员对宗族具有强烈的归属感，有着浓厚的家族团体意识，才能组成以组长为标志的群体，才可能成为望族，为祖国争光，也为活着的人争取有利的立足于社会的条件。

　　家族、家庭伦理精神是讲求孝道。家族、家庭伦理讲求上慈下孝，父母对子女的抚育，应有慈爱的态度，教给其谋生的手段，但是在实际生活中，由于古代社会物质生产的有限，或者说不足，绝大多数父母所能做到的是在艰难困苦的生活条件下将孩子"拉扯大"，就是有恩于子女。社会的观念对此似乎也不再有更高的要求。社会对"孝"比"慈"有更多的关注，并产生出专门的经典著作——《孝经》，其是科举考试的教材，清朝顺治皇帝说"孝为五常百行之原"，将孝道放在了人伦的首要位置。

孝道的全部内涵有三个方面。第一，一般说是生养、死葬、祭祀。"养"的要求，是生活上的赡养，态度上的尊敬，替父母设想的比他们自己想的还要周到，还要早，还要多；死后安葬，病时服侍汤药，甚至割股疗亲，死后厚葬，以至于卖产葬亲；祭祀，在于虔敬与持之以恒，保护坟茔，维持林木的茂盛。内容虽是如此，但能做到的程度在世人中会有很大的差异，而且这种养、葬、祭仅仅局限于对亲人的具体态度上，而远非孝道的全部。第二，本身事业有成，能够扬名显亲。太史公之父司马谈认为孝有三层含义："夫孝始于事亲，中于事君，终于立身，扬名于后世，以显父母。此孝之大者。"意思是说尽孝的第一步为赡养双亲，第二步是忠于君主，第三步是自身出人头地，能够光宗耀祖，达到孝的最高境界。民间的家族也有类似的训诫，亦将尽孝分为了三个层次：第一等的是不仅一般的奉养双亲，更能体察父母的要求与愿望并加以满足，而且本人声名好，不辱父母教诲；第二等的从事士农本业，生活上能够照顾父母；第三等的，做商人、工匠，能够省吃俭用孝养亲人。至于对宗亲，也要像对待父母那样予以照顾，疏忽就是不孝。史官和民间的说法有个共同点，就是对孝子自身事业成就的要求，即他们要对国家、对社会有价值，得到承认，以社会上的好名声来为父母增光。如果本身事业无成，就算不得是典型的孝子。第三，应有传宗接代人。"不孝有三，无后为大"，要能生子育孙，使家族的香火不断，绵延百世。由此可见，孝道内容广阔，上孝父母，下育儿孙，自身还要与社会和合；取得相应的成就，所涉及的不仅仅是家族内部的人际关系，还有社会关系，它是家庭、家族伦理的核心成分。"百善孝为先"，足以表明孝道在人伦关系中的重要地位。孝道的三种内涵，关系到家族的发展，它能成功地实现，乃至或多或少地实现，才能造成家族的延续。家族的兴旺，子孙的繁衍，是家族最为重大的事情。所以说，孝道的最终要求，就是族人事业有成，人丁兴旺，光大门祚，而远不止是对父母的孝养。

孝与忠的交融性、一致性。孝与忠是两个概念，两种范畴的观念，是严格加以区分的，不可混淆，但是它们又有着极其密切的联系性，并有重叠的、交叉的内容。前述司马谈的话已经指出了忠孝两者的一致性，他所言孝的"中于事君"，是孝包含着对皇帝尽忠的意思。试想，孝道的最高层次是扬名后世，以显父母，而怎么才能够扬名后世？可以是做好事赢得社会的赞扬，但在司马谈的观念中，是同事君连在一起的，那就是因为尽忠，获得荣誉，从而得到尽孝的大名，所以说孝道包含着忠君的内容。民间家训要求做官的子弟应有爱君之心，为君主办事，敢于承担责任，不结党揽权，不贪墨，不恋位。所以，要想做孝子，必须同时做个忠臣。做官如此，做老百姓呢？同样应尽自己的责任，民谚有"宁可终身无父，不可一日无君""君恩重于亲恩"，所以要及早完纳赋税，做安顺良民，所谓"守本分，完钱粮，不要县官督责的是好百姓"。而且若不按限完粮，将有追比之责，甚至于牢狱之灾，让人看笑话，令父祖颜面无光，真是大不孝。看来，孝以忠为必要的内容是毫无问题的。从忠的角度看，东汉时的人们已经认识到了"求忠臣于孝子之门"的道理，忠道承认孝道的合理性，甚至孝道是实现忠道的前提。是以国君鼓吹孝道，倡导"移孝作忠"，并实行以孝治天下的政策。总之，孝与忠有着内在的联系，存在着交融性、一致性，主要是孝道包含着浓重的忠君内容。这种交融性、一致性，就使得家族文化突破了家族的范围，不仅仅是家族社会的信念，还成为整个社会的一种观念。

第五章
古代优秀家风故事与家风家训

　　一个家庭的生活方式、文化氛围即构成了家风，家风就是一个家庭的风气、风格与风尚。当一个家庭的家规、家训形成了家庭的公众行为习惯即构成家风，家风也就是一个家庭或一个家族的家文化。

第一节　世代传承的家风故事

■ 晏婴清廉拒赏赐

晏婴是春秋战国时期的政治家、思想家,历任齐灵公、齐庄公、齐景公三朝卿相,辅政长达五十余年,是中国历史上深受后人称道的清官廉吏。

▲ 晏婴像

晏婴作为卿相,把齐国治理得非常好。然而,谁也想不到的是,一人之下、万人之上的堂堂一国之卿相,家里却很穷。有一天,晏婴刚要吃饭,景公派人来找他商量国事。听说来人还没有吃饭,晏婴就把自己的饭菜分成了两份,结果两人都没吃饱。景公听说此事后,很是吃惊,责怪自己道:"晏婴家里这么穷,我却一直不知道,这是我的过错。"于是马上派人送去银两与粮食，供他接待客人用。结果晏婴说什么也不收，一连送了三次都被晏婴谢绝了。

晏婴乘坐的是一辆由劣马拉的破旧车子。景公觉得这样与他的身份太不相称，便多次派人送去骏马新车，但都被他拒绝了。景公很不高兴，责问他为何不收。晏婴说："您让我管理全国的官吏，我深感责任重大。我反对奢侈浪费，要求群臣百官节衣缩食，以减轻百姓的负担。我若乘坐好车好马，便会上行下效，奢侈之风就会流毒四方。假如真的到了那个时候，恐怕就再也无法禁止了。"

晏婴的相府地处闹市，且阴暗狭窄。景公提出要为他在僻静处修造一座宽敞的新宅院，也被晏婴婉拒了。景公趁晏婴出使他国之际，为其建造了一处豪华的相府。晏婴回国后，马上从新相府搬回到原来的住处，同时还将新相府进行改造，分配给了原来的住户。

晏婴到了晚年，不仅不再接受任何新的赏赐，而且还向景公提出将原来赐给他的封地退回去。俗语说：为官以廉为先，从政以勤为本。晏婴虽然出身于齐国的名门贵族，却生活节俭、廉洁奉公，他是我国先秦时期卿大夫中力倡廉政且躬行不息的第一人，被后人誉为一代名卿贤相。晏婴以实际行动践行了他所倡导的清正节俭的作风，为2000多年后的我们树起了一根道德标杆。

■ 闵子骞孝敬继母

春秋时期的闵子骞，是孔子的高徒，为七十二贤人之一，以德行高尚而著称。他的"孝"为人所称道，是中华民族文化史上的先贤人物。

子骞自幼丧母，失去慈母之爱后过着孤苦心酸的生活。父亲闵公后来给他找了个继母，继而，家里又多了两个同父异母的弟弟。继母只疼爱自己所生的骨肉，而对子骞百般苛刻，处处看着不顺眼。父亲在家时还好些，等父亲出去做生意离开家后，继母则对子骞万般刁难。一边让他照看弟弟，一边把家中所有的脏活累活都让他干，子骞受尽了继母的虐待。对此，子骞非但不恼怒，而且很懂事，以德报虐。

有一年冬天，父亲从远方做生意归来，全家人欢欢喜喜，得以团圆。第二天，父亲带上子骞兄弟两个赶着马车去拉货。行至萧国的一个山村旁，风雪突起，车上的弟弟喜眉笑眼，子骞却因寒冷而身体打颤，牵车时将绳子掉落在了地上，冻得缩成一团。父亲看见子骞穿着厚厚的棉衣仍瑟瑟发抖，不禁勃然大怒，火从心起。他斥责子骞："你弟弟穿得比你少，也没有冻成你这个样子！"说着，举起鞭子便抽了下去。子骞的棉衣破了，从破洞处露出的芦花随着寒风飞了出来。父亲一看，愣住了，拉过小儿子，发现其棉衣里絮着棉花，刹那间他明白了过来，原来妻子做棉衣时给自己亲生的儿子用的是上好的棉花，而给子骞絮的是芦花。对此，懂事的子骞却从来也不对父亲抱怨。父亲心疼不已，愧意顿生，泪流满面。

回家后，父亲便写下一纸休书，一定要休掉这个狠心的妻子。即使继母跪地忏悔求饶，父亲也不答应。而子骞却为继母求情，他恳求父亲说："孩儿请父亲息怒，您就饶了母亲吧。。母在一子单，母去三子寒.。我们是不能没有母亲的，没有母亲的家不像一个家。况且自己已经没有了亲娘，我不想让弟弟再失去亲娘。继母虽不爱我，却爱弟弟……"说罢跪地不起。父亲被儿子的话感动得掉下泪来，他深深地叹了一口气，原谅了妻子。子骞赶紧扶起继母，这时，继母如梦初醒，她万万没有想到被自己虐待的子骞竟然会替自己说话，感动地抱着子骞失声痛哭。从此，被感化过来的继母对子骞又敬又爱，待他胜过自己的亲生儿子，弟弟对兄长也敬重有加。子骞的家，也从此成为一个和睦美满的家庭。后来，孔子知道了此事，夸赞道："孝哉闵子骞！"

■ 苏武坚贞爱国情

公元前一世纪，汉朝皇帝为了加强同西北匈奴政权的友好，派遣苏武率领100多人的使团，带着大批财物，出使匈奴。不料，就在苏武完成了出使任务，准备返回自己的国家时，匈奴上层却发生了内乱，苏武一行受到牵连，被扣留下来，并被胁迫背叛汉朝，臣服单于。

最初，单于派人向苏武游说，许以高官和厚禄，然而却被苏武严词拒绝了。单于见劝说没有用，就决定用酷刑。当时正值严冬，天上下着鹅毛大雪。单于命人把苏武关入一个露天的大地窖，不提供食物和水，希望这样可以改变苏武的信念。苏武在地窖里受尽了折磨。渴了，他就吃一把雪；饿了，就嚼身上穿的羊皮袄。过了好几天，单于见奄奄一息的苏武仍然没有屈服的表示，只好把苏武放了出来。

单于见无论是软的还是硬的，劝说苏武投降都没有希望，却越发敬重苏武的气节而不忍心杀掉他，但又不想让他返回自己的国家，于是决定把苏武流放到西伯利亚的贝加尔湖一带去牧羊。临行前，单于召见苏武说："既然你不投降，那我就让你去放羊，什么时候公羊生了羊羔，我就让你回到中原去。"

在人迹罕至的贝加尔湖地区，单凭个人的能力是无论如何也逃不掉的。每天与苏武做伴的，是那根代表汉朝的使节棒和一群羊。艰苦的生活、无限的寂寞，没有动摇苏武的坚定信念，他坚信总会有一天能够回到自己的国家去。这样日复一日，年复一年，使节棒上面的装饰都掉光了，苏武的头发和胡须也都变白了。

19年之后，当初下命令囚禁他的匈奴单于已去世。新单于执行与汉朝和好的政策，汉朝皇帝立即派使臣把苏武接回了自己的国家。苏武在京城长安受到了热烈欢迎，从朝廷官员到平民百姓，都向这位富有爱国气节的英雄表达敬意。

2000多年过去了，苏武忠贞不渝的爱国精神仍是人们学习的榜样。他所表现出来的坚强爱国意志和坚定爱国信念，应当成为我们每一个家庭教育子女热爱祖国、永不背叛祖国的良好教材。

■ 包青天铁面无私

包拯，北宋时期重臣，是历史上有名的清官。他为官清正廉洁、体恤百姓、铁面无私、执法如山、伸张正义，深受百姓的敬仰与爱戴，人们尊称他为包青天。

张尧佐是宋仁宗张贵妃的伯父，曾担任知县一职。张贵妃得宠后，张尧佐进入京城，一年之内晋升四次，直达三司使。这种坐飞机式的升任，使许多人感到吃惊。三司使是户部副使包拯的顶头上司，包拯任户部副使时，感受到了张尧佐低下的能力和人品。包拯进入谏院后，便着手整肃纲纪，端正朝风，对张尧佐提出弹劾，指出张尧佐是个庸才，建议仁宗皇帝把他调离三司，降职使用。一个月后，张尧佐官职不但没有降低，反而又被提升为比三司使还要高的宣徽南院使，并同时兼任另外三个重要职务。这次弹劾的结果是张尧佐的职务更高了，势力更大了。皇帝的任命一出，群臣议论纷纷。包拯在三天内又上了第二个奏章，其用词异常的尖锐，指出张尧佐是窃据高位，不知羞愧，是盛世的渣滓，白昼的魔鬼。过了几天，未见动静，包拯开始第三次上奏章，指出张尧佐一日而授四职，比之过去，史无前例，访之今日，人心不安。这不仅破坏了章典，损害了皇上的威信，也危害到国家社稷。仁宗皇帝就根本听不进这些意见，依然独断专行。这时，谏官唐介等人也一起参加弹劾，声言皇帝如不纳谏，将会集体罢职。然而，仁宗皇帝却仍无动于衷。最后，包拯等群臣共同与仁宗当廷净谏。包拯措辞激烈，情绪激动，唾沫都溅到了仁宗的脸上，批评其对张尧佐恩宠过甚，使忠臣齿冷，义士心寒。面对此状，满朝文武大臣皆大惊失色，为包拯担心。仁宗处境尴尬，摆驾回宫。这次廷辩震动了全体朝臣。张尧佐自知不妙，自动请求仁宗皇帝免去了自己的部分职务。谁知仁宗皇帝是在玩缓兵之计，只过了几个月，又把宣徽使的重任给了张尧佐。包拯继续与吴奎联名上奏章，指出张尧佐贪欲过盛，不能遂其私欲，熏灼天下。几天后，不见回音，包拯再上奏章，提醒仁宗，大恩不可频频惠人，给多了就降低了君王的威信，要做明君就要尊重民意。这样一而再，再而三地劝谏，仁宗皇帝终被劝服，最终降了张尧佐的职。

包拯敢于弹劾张尧佐这样的皇亲国戚，站在国家利益角度，不为个人私利，是谓"正"；他为皇帝着想，维护皇帝的声誉与权威，不怕获罪被贬，是谓"清"。包拯曾经在给仁宗的奏疏《乞不用赃吏》中说："廉者，民之表也；贪者，民之贼也。"他严于律己，身体力行，他所奏本弹劾者，都是有权有势有后台的人，其中有些人比包拯的官职还要高。包拯不畏权势、铁面无私、敢于进谏的行为，赢得了千秋万代的赞誉。

■ 黄庭坚孝涤溺器

黄庭坚是北宋著名的政治家、书法家和诗人。虽然他身居要职，又有着高深的艺术与文化造诣，但是他的一些做法也曾引起了当时一些人的好奇及不解。有一次，有人问黄庭坚："您身为高贵的朝廷命官，又有那么多仆人，为什么还要亲自来做这些杂细的家务，甚至亲手做刷洗母亲便桶这样卑贱的事情呢？"黄庭坚回答说："孝敬父母是我做儿子的分内之事，同自己的身份地位没有任何关系，怎能让仆人去代劳呢？再说了，孝敬父母的事情，是出自一个人对父母至诚感恩的天性，又怎么会卑贱呢？"

黄庭坚以其至诚的孝心和中肯敦厚的品行，不仅在为官时效力于朝廷、服务于百姓，而且还致力于文化创作，以非凡的文学艺术造诣，为后世留

▲ 黄庭坚像

下了许多著作与书法作品。他通过艺术上的成就，向世人无声地彰显着圣贤人的德行风范，在潜移默化中影响着后人。所以，苏东坡赞叹他"瑰伟之文，妙绝当世；孝友之行，追配古人"。这是说他的文章瑰伟，气韵超然，其成就在当时无人可比，他孝敬父母、友爱兄弟的情操可以与古代的圣君贤人相媲美。

自古以来，上至国家君王，下到平民百姓，都是以行孝道为修身立德的根本。今天，随着社会环境的发展变化，人们往往以繁忙、顾不上侍候父母为理由，只是用物质条件去供养父母，雇用外人照管父母，认为这就算尽孝了。殊不知，再好的物质条件，再好的外人，也代替不了子女孝事父母的本分。黄庭坚不受外界环境的影响，恪尽孝道，

亲自侍奉父母，实在是可敬、可佩，当褒、当效！

■ 海瑞无私除恶少

海瑞，在明朝时曾历任州判官、户部尚书、兵部尚书、尚书丞、右佥都御史等职。以其清正廉洁，力主打击豪强、严惩贪官污吏而著称，享有"海青天"之誉。

海瑞刚到应天任巡抚时，接到的第一个案子就是老丞相徐阶的公子徐瑛强抢民女、打死民女的父亲一案。海瑞与徐阶是故交，关系很好。徐阶虽然已经卸任丞相告老还乡，但在朝内仍有很高的威望及很大的势力。海瑞通过调查取证，认定徐瑛犯罪事实确凿。他心想：既然如此，就不能徇情枉法，不能对不起黎民百姓，更不能使百姓冤沉海底，让国家法律失去尊严。必须惩恶扬善，绝不能纵容犯罪，一定要秉公执法。

这件事在当时引起了极大轰动，百姓奔走相告，说应天巡抚是"海青天"，专为老百姓做主。一时间，到巡抚衙门告状的人蜂拥而至、络绎不绝。海瑞再看状纸所述，霸占田地、抢夺财物、强占民女、杀害平民，篇篇都是状告徐瑛的。这徐府给当地的百姓造成的危害，简直超过了天灾。海瑞即刻做出决定：为百姓伸冤，法办徐瑛，将其霸占百姓的田产，一律退回原主！

徐阶为了保住儿子的性命来到巡抚衙门找海瑞求情，不料却遭到海瑞的严词拒绝。徐阶恼羞成怒，反咬一口，上奏皇帝，说海瑞在应天鱼肉乡绅，假借百姓的名义，排除异己，有悖圣恩。皇帝听信了徐阶的谗言，下令罢免海瑞的官职，派一位官员来接替他。

为了防止徐瑛等恶霸逍遥法外，海瑞决定在卸任之前将徐瑛处死。他摘下头上的乌纱帽，连同官印一起放在书案上，然后将徐瑛从死囚牢中提出，亲自用朱笔在死刑犯的背标牌上圈了"斩"字，下令立即执行。办完此案，海瑞如释重负，凛然出门而去。

古人云："以铜为镜，可以正衣冠；以史为镜，可以知兴替；以人为镜，可以明得失。"海瑞不徇私情除恶霸的故事，几百年来一直都为百姓所传诵。海瑞刚正不阿、执法如山，成为中国历史上清正无私的典范，在今天仍具有借鉴与启迪意义。海瑞之所以能够这样为官，与他从小的家教有着直接关系。他自幼丧父，母亲靠纺线织布把他养大，并教育他做人要正派，处事要公正、不惧邪恶、同情下层百姓。海瑞牢记母亲教诲，不仅养成了"勤奋好学"的习惯，还形成了"当官就要为民做主"的品格。由此可见家教家风的重要作用。

精神境界，也是他坦荡、正直性格的体现。

■ 康熙以孝治天下

康熙皇帝深受儒家伦理思想影响，一生践行孝道，堪称臣民表率。

康熙八岁时，父亲顺治皇帝病逝。十岁时，生母病逝。他得以继承帝业，主要得祖母孝庄之力，因此对祖母深怀感恩，也将未给予父母的回报一并献给了祖母。康熙二十六年冬，七十五岁的孝庄太皇太后病重。三十四岁的康熙率领王公大臣自乾清宫步行至天坛致祭。他跪地祈求上苍：愿以减去自己的寿命作为交换，期盼祖母转危为安。孝庄病逝后，康熙因悲伤过度，患上了高血压、心脏病等疾患。他不愿再经过孝庄生前居住的慈宁宫，因为他经不起触景生情后的折磨打击。

嫡母的寝宫与慈宁宫毗邻，他每次去给嫡母请安时，都要刻意绕道而往。即便如此，每当从远处望见慈宁门，还总是想起祖母，总是情不自禁地泪流满面。嫡母孝惠皇太后只比康熙帝年长十三岁。孝庄去世后，凡处理皇室内部事情，康熙都要主动征询嫡母的意见，以防出现失误。当他步入晚年，与嫡母感情弥深，孝养更隆。自康熙四十九年始，每年夏季，他都请嫡母到承德避暑。嫡母抵达时，他不顾自己年迈多病，亲率众皇子及王公大臣出避暑山庄正门跪迎。康熙五十六年十二月，七十七岁的嫡母去世。康熙对众臣说："当此之时，止有孝敬朕之人，并无爱恤朕之人，尊长辈皆已凋谢。此等处，每以无可与言为伤。"

康熙年幼时，苏麻喇姑曾为他教授满文。孝庄故去后，苏麻喇姑仍住在宫内，备受康熙尊重。康熙四十四年秋，五十二岁的康熙正在塞外巡狩。年逾九旬的苏麻喇姑突患急症，腹痛痢血，不能进食。康熙接到奏报，急令皇子亲自负责救护事宜。他知道老人素不服药，于是叮嘱皇子，要想方设法劝说老人服用药物。苏麻喇姑弥留之际，在京所有皇子都赶到病榻前，并在她死后集体为其送灵。康熙下令，务必等自己返京后，再为逝者洗身换衣，用嫔礼安葬这位一生都未婚的蒙古族老妇人。

康熙作为一位君主帝王，如此孝敬长辈，堪称楷模。正是因他这种以孝治天下的风范，才得以开创了中华历史上的康熙盛世。

第二节　古代家风家训精选

■ 孙叔敖家训

▲ 孙叔敖像

【原文】

王封汝，必无居利地也。楚、越之间有寝丘者，甚恶，可长有以食也。

【点评】

孙叔敖告诫子孙，在大王分封的时候，应要求环境险恶的地方，只要艰苦创业，一样可以兴旺不衰。为官者能否守住节操、大义是一种考验，孙叔敖临终不忘警示子女，可见其心境之明净与高远。

公孙侨家训

【原文】

大适小，则为坛；小适大，苟舍而已，焉用坛？侨闻之：大适小有五美：宥其罪戾，赦其过失，救其灾患，赏其德刑，教其不及。小国不困，怀服如归，是故作坛以昭其功，宣告后人，无怠于德。小适大有五恶：说其罪戾，请其不足，行其政事，共其职贡，从其时命。不然，则重其币帛，以贺其福而吊其凶，皆小国之祸也，焉用作坛以昭其祸？所以告子孙，无昭祸焉可也。

【点评】

公孙侨从政治家的角度纵论处理大、小国之间的关系。在他看来，小国如想保持尊严和自己的地位，切勿惹是生非给自己招致灾祸。这里虽是论立国之道，而对人与人之间的关系也不无启迪。

孟轲母训儿

【原文】

孟子之少也，既学而归。孟母方绩，问学所至，孟子自若。孟母以刀断其织，孟子惧而问其故。母曰："子之废学若吾断斯织也。夫君子学以立名，问则广知。今而废之，是不免于厮役而无以离于祸患也。"孟子惧，旦夕勤学不息。师事子思，遂成天下之名儒。

【点评】

这个故事生动地说明了人如果荒废学业，就会像快要织好的布被剪断一样半途而废。父母是人一生中最早也是最好的老师，但绝大多数父母似乎并没有很好地扮演这一角色。而这则故事中的孟母可作为为人父母学习的榜样。孟子听从了母亲的教诲，改正错误，坚持不懈地勤苦学习，终成天下名儒。

■ 韩非家训

【原文】

曾子之妻之市，其子随之而泣。其母曰："女还，顾反为女杀彘。"妻适市来，曾子欲捕彘杀之。妻止之曰："特与婴儿戏耳。"曾子曰："婴儿非与戏也。婴儿非有知也，待父母而学者也，听父母之教。今子欺之，是教子欺也。母欺子而不信其母。非所以成教也。"遂烹彘也。

【点评】

应该如何教育子女，一直都是人们关切的话题，因为在孩子身上寄托了父母太多的期望。这篇文章指出了儿童教育的严肃性，指出做父母的教育子女，要随时随地把身教与言传结合起来，以身作则，才能使子女健康成长。

■ 刘邦手敕太子

【原文】

吾遭乱世，当秦禁学。自喜，谓读书无益。自践阼以来，时方省书。乃使人知作者之意。追昔昔所行，多不是。

尧舜不以天下与子而与他人，此非为不惜天下，但子不中立耳。人有好牛马尚惜，况天下耶？吾以尔是元子，早有立意。群臣咸称汝友四皓。吾所不能致，而为汝来，为可任为事也。今定汝为嗣。

吾生不学书，但读书问字而遂知耳，以此故不大工，然亦足自辞解。今视汝书，犹不如吾。汝可勤学习，每上疏宜自书，勿使人也。

汝见萧、曹、张、陈诸公侯，吾同时人，倍年于汝者，皆拜，并语于汝诸弟。

吾得疾遂困，以如意母子相累，其余诸儿，皆自足立，哀此儿犹小也。

【点评】

这是汉高祖刘邦病危时写给长子刘盈的一封敕书。敕书确定太子刘盈为皇位继承人。

这封敕书篇幅虽不长，但却包含了刘邦以一个父亲和帝王的身份，临终向儿子与帝位继承人的谆谆告诫：要读书、要用贤、要治理好天下。敕书一反通常的命令式而用刘邦自己从政的切身体会要儿子理解与省悟做一个帝王身上所负的重任。此敕书言简意深，情浓意重，语言朴实无华，在历代帝王敕书中别具特色。

■ 李世民求贤篇

【原文】

夫国之匡辅。必待忠良，任使得人，天下自治。故尧命四岳，舜举八元，以成恭己之隆，用赞钦明之道。士之居世，贤之立身，莫不戢翼隐鳞，待风云之会；怀奇蕴异，思会遇之秋。是明君旁求俊人，博访英贤，搜扬侧陋，不以卑而不用，不以辱而不尊。

昔伊尹有莘之媵臣，吕望渭宾之贱老，夷吾困于缧绁，韩信弊于逃亡。商汤不以鼎俎为羞，姬文不以屠钓为耻，终能献规景亳，光启殷朝；执旄牧野，会昌周室。齐成一匡之业，实资仲父之谋；汉以六合为家，是赖淮阴之策。

故舟航之绝海也，必假桡楫之功；鸿鹄之凌云也，必因羽翮之用；帝王之为国也，必藉匡辅之资。故求之斯劳，任之斯逸。照车十二，黄金累千，岂如多士之隆，一贤之重！此乃求贤之贵也。

【点评】

李世民作为既能打天下，又能坐天下的一代明君，对于用人之道自有其独到见解，本篇所论人才之道就极为精深。尤为可贵的是，他认识到一个有才能的人一时的落魄并不能减其光彩，所以，只有在沙砾中淘洗金子、于人含辱负重时予以提携，才有可能事半而功倍，铸成自己的大业。这种不以出身、处境而废人的用人标准，着实难得，值得借鉴。

■ 韩愈训子书

【原文】

木之就规矩，在梓匠轮舆；人之能为人，由腹有诗书。诗书勤乃有，不勤腹空虚。欲知学之力，贤愚同一初。由其不能学，所入遂异同。两家各生子，孩提巧相如。少长聚嬉戏，不殊同队鱼。年过十二三，头角稍相疏。二十渐乖张，清沟映污渠。三十骨骼成，乃一龙一猪。飞黄腾踏去，不能顾蟾蜍。一为马前卒，鞭背生虫蛆。一为公与相，潭潭府中居。问之何因尔，学与不学欤！金璧虽重宝，费用难贮储。学问藏之身，身在即有余。君子与小人，不系父母且。不见公与相，起身自犁锄。不见三公后，寒饥出无驴。文章岂不贵？经训乃菑畲。潢潦无根源，朝满夕已除。人不通今古，马牛自襟裾。行身陷不义，况望多名誉？时秋积雨霁，新凉入郊墟。灯火稍可亲，简编可舒卷。岂不旦夕念，为尔惜居诸。恩义有相夺，作诗劝踌躇。

【点评】

从这篇文章我们能够清晰地看到韩愈看重知识的思想。文章开篇便强调了读书的重要性，"人之能为人，由腹有诗书"。接着，便分析幼儿在一开始学习时并无聪明和愚笨之分，由于对学习所持的态度和所付出的努力不同，才使他们日后走向不同的道路，还用司马相如勤学终成大器之才，不认真学习的则为卑贱之人的生动的例子加以说明。若"人不通今古，马

▲ 白居易像

牛自襟裾"，就像穿着衣服的牛马那样，不能成为有用之才。在这篇训子诗中，韩愈十分重视后天学习的重要性，君子与小人，并不是父母一生下来就是那样，而是后天勤奋努力与否的结果。细细品味，这篇训子诗对于今人教育子女仍有积极的借鉴意义。

■ 白居易狂言示诸侄

【原文】

世欺不识字，我忝攻文笔。

世欺不得官，我忝居班秩。

人老多病苦，我今幸无疾。

人老多忧累，我今婚嫁毕。

心安不转移，身泰无牵率。

所以十年来，形神闲且逸。

况当垂老岁，所要无多物。

一裘暖过冬，一饭饱终日。

勿言宅舍小，不过寝一室。

何用鞍马多，不能骑两匹。

如我优幸身，人中十有七。

如我知足心，人中百无一。

傍观愚亦见，当己贤多失。

不敢论他人，狂言示诸侄。

【点评】

白居易以诗作来告诫子侄为人处世的道理。诗作于晚年,他主张"独善"身,其"独善"的主旨也渗透到了教子生活中。他阐明了自己"知足常乐"的处世哲学,采用言传身教的方式,希望晚辈们能够从自己身上受到启迪。

■ 赵匡胤诫弟书

【原文】

乾德、开宝间,天下将大定,惟河东未遵王化,而疆土实广,国用丰羡,上愈节俭,宫人不及二百,犹以为多。又宫殿内惟挂青布缘帘、绯绢帐、紫绸褥,御衣止赭袍,以绫罗为之炎,其余皆用绝绢。晋王已下因侍宴禁中,从容言服用太草草,上正色曰:"尔不记居甲马营中时耶?"上虽贵为万乘,其不忘布衣时事皆如此。

【点评】

赵匡胤身为宋朝开国之君,深知打天下难,守天下更难的道理。他身体力行,从自己做起,过着极其简朴的生活。不仅如此,他还以此形象来教育臣下与亲属,要求他们也能够认识到节俭的重要性。在这篇家训中,赵匡胤就叮嘱弟弟不要忘了为布衣时的事情,应居安而思危,严格要求自己的言行。 个封建时代的皇帝尚能律己自省,约束周围,难道我们从中不能受到启发吗!

■ 司马光家训之和睦相处

【原文】

父慈而教,子孝而箴;兄爱而友,弟敬而顺;夫和而义,妻柔而正;姑慈而从,妇听而婉。

为父母者,慈、严、养、教并重;为子女者,孝而不失规劝。为兄者,富弟并友好待之;为弟者,恭敬而顺从。为夫者,相敬不悖礼;为妻者,谦顺而守节。为姑者,慈爱而无别;为妇者,屈从而不苟言。

进谏为救过,亲之命可以从而不从,是悖戾也;不可从而从之,则陷亲于大恶,然而不谏,是路人。

父母有过,谏而不逆。

【点评】

据载,司马光一家人口众多,但能做到和睦相处,勤俭治家,且慷慨好义,颇受乡里好评,享有盛名。父慈子孝,兄友弟敬,夫和妻柔,一幅祥和幸福的家庭图景俨然呈现在了我们眼前。这篇家训处处浸润着一种极其理想化的中国式家庭的亲情、人情。在眼下的社会,当应力倡上述家风。

■ 纪晓岚训大儿

【原文】

尔初入世途,择交宜慎,友直友谅友多闻益矣。误交真小人,其害犹浅；误交伪君子，其祸为烈矣。盖伪君子之心，百无一同：有拗捩者，有偏倚者，有黑如漆者，有曲如钩者，有如荆棘者，有如刀剑者，有如蜂虿者，有如狼虎者，有现冠盖形者，有现金银气者。业镜高悬，亦难照彻。缘其包藏不测，起灭无端，而回顾其形，则皆岸然道貌，非若真小人之一望可知也。并且此等外貌麟鸾中藏鬼蜮之人。最喜与人结交。儿其慎之。

【点评】

纪晓岚告诫他的儿子，交友一定要慎重，误交一些小人倒也罢了，只怕误交了那些伪君子，那将对自己造成很大的危害。真小人也罢，伪君子也罢，古今中外无处不在。纪昀为伪君子的造型画像，对于我们今天识别那些"业镜""亦难照彻"的鬼蜮，仍很有裨益。

■ 纪晓岚训次儿

【原文】

当世宦家子弟，每盛气凌轹，以邀人敬，谓之自重。不知重与不重，视所自为。苟道德无愧于贤者，虽王侯拥彗不为荣，虽胥靡版筑不能辱。可贵者在我，在外者不足计耳。如必以在外为重轻，待人敬我，我乃荣，人不敬我，我即辱，则舆台仆妾，皆可以自操荣辱。毋乃自视太轻耶！先师陈白崖先生尝手题于书曰：事能知足心常惬，人到无求品自高。斯真标本之论。尔当录作座右铭，终身行之，便是令子。

【点评】

　　一个人是否受到他人的尊敬，不是以盛气凌人来求得的，关键在于自己的品行，别人对你的态度并不起什么作用。作者列举了车子、楼台、仆人、侍妾之类的处境来说明"事能知足心常惬，人到无求品自高"的道理，并认为这句话应该作为人们为人处事的座右铭。

■ 林则徐与长子汝舟书

【原文】

　　父自五月十一日动身赴广东，沿途经五十余日，今始安抵羊城。风涛险恶，不可言喻，唯静心平气，或默背五经，或返躬思过，故虽颠簸不堪，而精神尚好。因思世途险巇，不亚风涛。入世者苟非先胸有成竹，立定脚跟，必不免为所席卷以去。近朱者赤，近墨者黑，此择友之道应尔也。若于世事，则应息息谨慎，步步为营。若才不逮而思邀幸，或力不及而谋躐等，又或胸无主宰，盲人瞎马。则祸患之来，不旋踵矣。此为父五十年阅历有得之谈，用以切嘱吾儿者也。汝母汝弟，身体闻均好安，汝二弟且极用功好学，父闻之心为一快。客居在外，饥饱寒暖，须时加调护；友朋应酬，虽不可少，而亦要有限制。批阅公牍，更宜仔细，切不可假手他人。对于长官，尤应恭顺小心。即同僚之间，亦应虚心和气。为父做官三十年，未尝以疾言遽色加人。吾儿随父久，当亦目睹之也。闲是闲非，不特少管，更应少听。一有差池，不但殃及汝身，即为父亦有不测也。慎之慎之。

【点评】

这封书信的开篇设计得非常巧妙,作者以旅途之颠簸联想到仕途之险恶,由此引发了给儿子的告诫。近朱者赤,近墨者黑,择友至关重要;处事应谨慎小心,勤于思考;出门在外,应注意身体,不可荒废学业,为官要负责,要处理好上下级的关系,等等。整篇家书都是作者的真实感受,语重心长。虽有明哲保身之意,但所讲道理,尤其是入世之道颇能发人深省。

林则徐教子书

【原文】

闻吾儿睡时甚迟,此甚不可。作事须有定时,朝早起而晚早眠。况京官究属清闲,不比外省官吏。一至夕阳在山,已可出部,何必弄至深更大半?又闻吾儿极好宾客。人在外作客,友朋固不可少,然须择人而友。京官中虽多仕流,吾儿所交者,未必尽为匪人,然亦不可不慎。言语亦宜谨慎。鸦片一物,更须摒绝,否则非吾子也。

【点评】

林则徐家教甚严,对儿子的作息时间给予了批评,指出如无公事宜早睡早起,不可"弄至深更大半"。他认为,"朋友固不可少",但应特别注意与什么样的人交朋友,需谨慎再三,与人接触,言语也应谨慎为好。在信的最后,他严肃表明了自己对于鸦片的态度,明令禁止自己的儿子沾染分毫,否则"非吾子也",表现出了极强的民族自尊心和危难意识。

精妙撷语

人在外做客，友朋固不可少，然须择人而友。

■ 曾国藩与子纪鸿书

【原文】

字谕纪鸿儿：

家中之来营者，多称尔举止大方，余为少慰。凡人多望子孙为大官，余不愿为大官，但愿为读书明理之君子。勤俭自持，习劳习苦，可以处乐，可以处约，此君子也。

▲ 曾国藩像

余服官二十年，不敢稍染官宦气习，饮食起居，尚守寒素家风；极俭也可，略丰也可，太丰则我不敢也。凡仕宦之家，由俭入奢易，由奢返俭难。尔年尚幼，切不可贪爱奢华，不可惯习懒惰。无论大家小家，士农工商，勤苦俭约，未有不兴；骄奢倦怠，未有不败。

尔读书写字，不可间断。早晨要早起，莫坠高、曾、祖、考以来相传之家风。吾父、吾叔，皆黎明即起,尔之所知之也。

凡富贵功名,皆有命定,半由人力,半由天事,惟学作圣贤,全由自己做主,不与天命相干涉。吾有志学为圣贤,少时欠居敬工夫,至今犹不免偶有戏言、戏动。尔宜举止端庄,言不妄发,则入德之基也。

【点评】

这是曾国藩写给儿子的一封信,通篇都是一些为人处事以及学习的勉励之词,其中利弊可细细品味。作者首先是对儿子的表现给予了肯定,而后便对儿子提出了"为读书明理之君子"的期望,这样的劝勉想必能够起到事半功倍的效果。作者以切身的体验告诫儿子在学习与生活方面要做到勤苦、俭约、居敬慎言,努力使自己成为一个读书明理的君子。

知识链接

刘备三请诸葛亮的故事

诸葛亮字孔明,年轻时在隆中(今湖北襄阳市)耕田种地,但他却苦读经书,钻研兵法,常把自己比作春秋战国时期的军事家管仲和乐毅,认为自己具有他们的才能。当时周围的人们都认为他自我吹嘘,只有颍川的徐庶认为诸葛亮是旷世难得的奇才。

时值东汉末年,群雄四起,天下大乱。曹操坐据朝廷,孙权拥兵东吴,汉宗室豫州牧刘备屯军新野。已成为刘备军事谋士的徐庶鼎力举荐了诸葛亮,认为只有诸葛亮才可以辅佐主公匡扶汉室,完成统一天下的大业。刘备正在苦于没有人能够帮助自己的时候,得到这个消息后异常欣喜,决心一定要请到这个人才。

深冬的一天，刘备带着关羽、张飞，满怀希望地慕名到隆中拜见诸葛亮，谁知诸葛亮却不在家，刘备三人只好扫兴而归。回到新野，刘备接连不断地派人到隆中打听诸葛亮的消息。当得知诸葛亮外出已经回到家中时，刘备当即决定二请诸葛。对此张飞不耐烦地说："一个平民百姓，派个武士把他叫来就得了，犯不着你亲自一再去请。"刘备十分耐心地说："凭谋士徐庶举荐，诸葛亮应是当代大贤，怎么能随便派个人去叫他呢？"刘备说服了张飞，再次与关羽三人，策马直奔隆中。

途中北风呼啸，大雪纷飞，天寒地冻。张飞心怀不满地大嚷："我等何苦遭此罪受！不如等天晴再说。"刘备却动情地说："咱们顶风冒雪，不辞路途遥远，来请孔明先生，不正表明了我们的一片诚意吗？"三人继续艰难地前行。不料，赶到后才得知诸葛亮已外出云游，又未见到。刘备只好写下一封信，信中表达了自己对于孔明先生的敬仰，真诚地请他出山，以图共同完成国家一统之大业。

刘备始终都未忘诸葛亮。第二年春天，为表示对贤才的真诚，他选择黄道吉日，斋戒了三天后，沐浴更衣，准备第三次拜请诸葛亮。张飞和关羽竭力劝阻。连一向遵从刘备的关羽都说："我们两次相请，都未见到他，想必他徒有虚名，不敢相见。"张飞更是带着轻蔑的口吻说："我们已仁至义尽，这次只需我一人前往，他若不来，我就将他绑来见你。"刘备连忙说道："不得无礼，没有诚意哪能请得到贤人呢？"

刘备三人第三次奔赴隆中。来到诸葛亮的草庐时，诸葛亮正在午睡。刘备唯恐打扰，不顾路途疲劳，屏声静气地站在门外等候。过了好久还不见诸葛亮起床。张飞大怒道："这家伙如此傲慢，待我去屋后放把火，看他醒不醒！"刘备赶忙将他阻止。此后又足足等了两个时辰，才见诸葛亮醒来。诸葛亮为刘备的诚心与谦恭所感动，毫不保留地奉献了"先立足一方三分天下，再图谋霸业"的兴汉大计，为蜀汉政权的建立确定了大政方针，从此开始了他终生鞠躬尽瘁、死而后已地辅佐刘备的人生之路。后来，诸葛亮曾在著名的《出师表》中以"先帝不以臣卑鄙，猥自枉屈，三顾臣于草庐之中"的描述，表达了他对刘备礼贤下士、三顾茅庐知遇之恩的无限感激。

刘备以礼贤下士之举，赢得了世人的高度赞誉，其三顾茅庐的故事也成为了千古佳话。

图片授权

全景网

壹图网

中华图片库

林静文化摄影部

敬　启

本书图片的编选，参阅了一些网站和公共图库。由十联系上的困难，我们与部分入选图片的作者未能取得联系，谨致深深的歉意。敬请图片原作者见到本书后，及时与我们联系，以便我们按国家有关规定支付稿酬并赠送样书。

联系邮箱：932389463@qq.com

参考书目

1. 李保民,夏云清. 古代家教故事. 上海:百家出版社,1990
2. 李瑞星,王爱敏. 古代家教百篇. 济南:山东教育出版社,1989
3. 刘广明. 宗法中国. 上海:三联书店,1993
4. 冯尔康,阎爱民. 宗族史话. 北京:社会科学文献出版社,2012
5. 贺本明,石云祥. 古代家教篇. 西宁:青海人民出版社,1989
6. 程维荣. 中国近代宗族制度. 上海:学林出版社,2008
7. 张志君. 跟古代名人学家风家教. 北京:商务印书馆国际有限公司,2015
8. 邱昭瑜. 有故事的汉字. 青岛:青岛出版社,2015
9. 冯尔康. 中国宗族制度与谱牒编纂. 天津:天津古籍出版社,2011
10. 阎爱民. 中国古代的家教. 北京:商务印书馆,2013
11. 陈才俊. 中国家训. 北京:海潮出版社,2011
12. 钱杭. 中国宗族史研究入门. 上海:复旦大学出版社,2009
13. 冯尔康. 中国宗族史. 上海:上海人民出版社,2009

中国传统民俗文化丛书

一、古代人物系列（13本）

1. 中国古代乞丐
2. 中国古代道士
3. 中国古代名帝
4. 中国古代名将
5. 中国古代名相
6. 中国古代文人
7. 中国古代高僧
8. 中国古代太监
9. 中国古代侠士
10. 中国古代幕僚
11. 中国古代皇后
12. 中国古代士人
13. 中国古代华侨

二、古代民俗系列（10本）

1. 中国古代民俗
2. 中国古代玩具
3. 中国古代服饰
4. 中国古代丧葬
5. 中国古代节日
6. 中国古代面具
7. 中国古代祭祀
8. 中国古代剪纸
9. 中国古代鞋帽
10. 中国古代生肖文化

三、古代收藏系列（16本）

1. 中国古代金银器
2. 中国古代漆器
3. 中国古代藏书
4. 中国古代石雕
5. 中国古代雕刻
6. 中国古代书法
7. 中国古代木雕
8. 中国古代玉器
9. 中国古代青铜器
10. 中国古代瓷器
11. 中国古代钱币
12. 中国古代酒具
13. 中国古代家具
14. 中国古代陶器
15. 中国古代年画
16. 中国古代砖雕

四、古代建筑系列（12本）

1. 中国古代建筑
2. 中国古代城墙
3. 中国古代陵墓
4. 中国古代砖瓦
5. 中国古代桥梁
6. 中国古塔
7. 中国古镇
8. 中国古代楼阁
9. 中国古都
10. 中国古代长城
11. 中国古代宫殿
12. 中国古代寺庙

五、古代科学技术系列（15本）

1. 中国古代科技
2. 中国古代农业
3. 中国古代水利
4. 中国古代医学
5. 中国古代版画
6. 中国古代养殖
7. 中国古代船舶
8. 中国古代兵器
9. 中国古代纺织与印染
10. 中国古代农具
11. 中国古代园艺
12. 中国古代天文历法
13. 中国古代印刷
14. 中国古代地理
15. 中国古代地方志

六、古代政治经济制度系列（16本）

1. 中国古代经济
2. 中国古代科举

3. 中国古代邮驿
4. 中国古代赋税
5. 中国古代关隘
6. 中国古代交通
7. 中国古代商号
8. 中国古代官制
9. 中国古代航海
10. 中国古代贸易
11. 中国古代军队
12. 中国古代法律
13. 中国古代战争
14. 中国古代衙门
15. 中国古代外交
16. 中国古代盐文化

15. 中国古代饮食
16. 中国古代娱乐
17. 中国古代兵书
18. 中国古代哲学
19. 中国古代宗祠
20. 中国古代奇案
21. 中国古代旅游
22. 中国古代家风
23. 中国古代地名
24. 中国古代家谱与年谱
25. 中国古代名字与别号
26. 中国古代墓志铭

七、古代文化系列（26本）

1. 中国古代婚姻
2. 中国古代武术
3. 中国古代城市
4. 中国古代教育
5. 中国古代家训
6. 中国古代书院
7. 中国古代典籍
8. 中国古代石窟
9. 中国古代战场
10. 中国古代礼仪
11. 中国古村落
12. 中国古代体育
13. 中国古代姓氏
14. 中国古代文房四宝

八、古代艺术系列（12本）

1. 中国古代艺术
2. 中国古代戏曲
3. 中国古代绘画
4. 中国古代音乐
5. 中国古代文学
6. 中国古代乐器
7. 中国古代刺绣
8. 中国古代碑刻
9. 中国古代舞蹈
10. 中国古代篆刻
11. 中国古代杂技
12. 中国古代民间工艺